공부 잘하는 아이, 독서 잘하는 아이로 키우려면 어휘력 먼저 키워 주어야 합니다!

공부 잘하고 책 잘 읽는 똑똑한 아이들에게는 공통점이 있습니다. 바로 그 아이들이 알고 있는 단어가 많다는 것입니다. 어휘력이 좋아서 책을 잘 읽는 것은 이해가 되는데, 어휘력이 좋아야 공부도 잘한다는 것은 설명이 좀 필요할 것 같습니다. 다음 말을 읽고 곰곰이 한번 생각해 보세요.

"사람은 자신이 아는 단어의 수만큼 생각하고 표현한다."
"하나의 단어를 아는 것은 그 단어를 둘러싸고 있는 세상을 아는 것이다."

이 말에 동의한다면 왜 어휘력이 좋아야 공부를 잘하는지 알 수 있을 것입니다. 공부는 세상을 이해하고 자신을 표현하는 일련의 과정이기 때문에, 어휘력을 키우면 세상을 이해하는 능력과 사고력이 자라서 공부를 잘하는 바탕이 마련됩니다.

예를 들어 볼까요? 두 아이가 있습니다. 한 아이는 '알리다'라는 낱말만 알고, 다른 아이는 '알리다' 외에 '안내하다', '보도하다', '선포하다', '폭로하다'라는 낱말도 알고 있습니다. 첫 번째 아이는 어떤 상황이든 '알리다'라고 뭉뚱그려 생각하고 표현합니다. 하지만 두 번째 아이는 길을 알려 줄 때는 '안내하다'라는 말을, 신문이나 TV에서 알려 줄 때는 '보도하다'라는 말을, 세상에 널리 알릴 때는 '선포하다'라는 말을 씁니다. 또 남이 피해를 입을 줄 알면서 알릴 때는 '폭로하다'라고 구분해서 말하겠지요. 이렇듯 낱말을 많이 알면, 보다 정확하게 이해하고 정교하게 표현할 수 있습니다.

〈세 마리 토끼 잡는 초등 어휘〉는 아이들의 어휘력을 키워 주려고 탄생했습니다. 아이들이 낱말을 재미있고 효율적으로 배울 뿐 아니라, 낯선 낱말을 만나도 그 뜻을 유추해 내도록 이끄는 것이 〈세 마리 토끼 잡는 초등 어휘〉의 목표입니다. 공부 잘하는 아이, 독서 잘하는 아이로 키우고 싶다면, 이 글을 읽는 순간 이미 목적지에 한 발 다가선 것입니다. 〈세 마리 토끼 잡는 초등 어휘〉가 공부 잘하는 아이, 독서 잘하는 아이로 책임지고 키워 드리겠습니다.

세 마리 토끼 잡는 초등 어휘 는 어떤 책인가요?

1 한자어, 고유어, 영단어 세 마리 토끼를 잡아 어휘력을 통합적으로 키워 주는 책

<세 마리 토끼 잡는 초등 어휘>는 한자어와 고유어, 영단어 실력을 단단하게 만들어 주는 책입니다. 낱말 공부가 지루한 건, 낱말과 뜻을 1:1로 외우기 때문입니다. 이렇게 공부하면 낯선 낱말을 만났을 때 속뜻을 헤아리지 못해 낭패를 보지요. <세 마리 토끼 잡는 초등 어휘>는 속뜻을 이해하면서 한자어를 공부하고, 이와 관련 있는 고유어와 영단어를 연결해서 공부하도록 이루어져 있습니다. 흩어져 있는 글자와 낱말들을 연결하면 보다 재미있게 공부하고 오래 기억할 수 있습니다.

2 한자가 아니라 '한자 활용 능력'을 키워 주는 책

많은 아이들이 '날 생(生)' 자는 알아도 '생명', '생계', '생산'의 뜻은 똑 부러지게 말하지 못합니다. 한자와 한자어를 따로따로 공부하기 때문이지요. 〈세 마리 토끼 잡는 초등 어휘〉는 한자를 중심으로 다양한 한자어를 공부하도록 구성하여 한자를 통해 낯설고 어려운 낱말의 속뜻도 짐작할 수 있는 '한자 활용 능력'을 키워 줍니다.

3 교과 지식과 독서·논술 실력을 키워 주는 책

〈세 마리 토끼 잡는 초등 어휘〉는 추상적인 낱말과 개념어를 잡아 주는 책입니다. 고학년이 되면 '사고방식', '민주주의' 같은 추상적인 낱말과 개념어를 자주 듣게 됩니다. 이런 어려운 낱말은 아이들의 책 읽기를 방해하고 공부에 대한 흥미를 잃게 하지요. 하지만 〈세 마리 토끼 잡는 초등 어휘〉로 공부하면 낱말과 지식을 함께 익힐 수 있어서, 교과 공부는 물론이고 독서와 논술을 위한 기초 체력도 기를 수 있습니다.

세 마리 토끼 잡는 초등 어휘 는 어떻게 이루어져 있나요?

1 전체 구성

〈세 마리 토끼 잡는 초등 어휘〉는 다섯 단계(총 18권)로 이루어져 있습니다.

단계	P단계	A단계	B단계	C단계	D단계
대상 학년	유아~초등 1년	초등 1~2년	초등 2~3년	초등 3~4년	초등 5~6년
권 수	3권	4권	4권	4권	3권

2 권 구성

〈세 마리 토끼 잡는 초등 어휘〉한 권은 내용에 따라 PART1, PART2, PART3으로 나누어져 있습니다.

PART1 **핵심 한자로 배우는 기본 어휘**(2주 분량)

10개의 핵심 한자를 중심으로 한자어와 고유어, 영단어를 익히는 곳입니다. 한자는 단계에 맞는 급수와 아이들이 자주 듣는 낱말이나 교과 연계성을 고려해 선별하였습니다. 한자와 낱말은 한눈에 들어오게 어휘망으로 구성하였고, 다양한 활동을 통해 낱말의 뜻을 익힐 수 있게 꾸렸습니다. 또한 교과 관련 낱말을 별도로 구성해서 교과 지식도 함께 쌓을 수 있습니다.

단계별 구성(P단계에서 D단계로 갈수록 핵심 한자와 낱말의 난이도가 높아지고, 낱말 수도 많아집니다.)

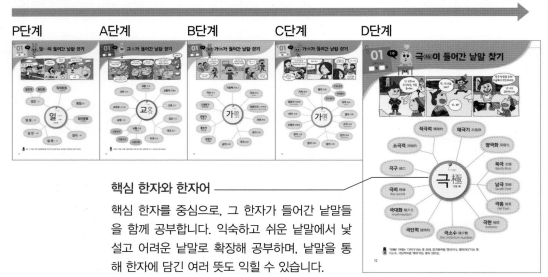

핵심 한자와 한자어

핵심 한자를 중심으로, 그 한자가 들어간 낱말들을 함께 공부합니다. 익숙하고 쉬운 낱말에서 낯설고 어려운 낱말로 확장해 공부하며, 낱말을 통해 한자에 담긴 여러 뜻도 익힐 수 있습니다.

PART 2 뜻을 비교하며 배우는 관계 어휘(1주 분량)

관계가 있는 여러 낱말들을 연결해서 공부하는 곳입니다. '輕(가벼울 경)', '重(무거울 중)' 같은 상대되는 한자나, '동물', '종교' 등 하나의 주제를 중심으로 관련 있는 낱말들을 모아서 익힐 수 있습니다.

상대어로 배우는 한자어

상대되는 한자를 중심으로 상대어들을 함께 묶어 공부합니다. 상대어를 통해 어휘 감각과 논리력을 키울 수 있습니다.

주제로 배우는 한자어

음식, 교통, 방송, 학교 등 하나의 주제와 관련 있는 낱말을 모아서 공부합니다.

PART 3 소리를 비교하며 배우는 확장 어휘(1주 분량)

소리가 같거나 비슷해서 헷갈리는 낱말이나, 낱말 앞뒤에 붙는 접두사·접미사를 익히는 곳입니다. 비슷한말을 비교하면서 우리말을 좀 더 바르게 쓸 수 있습니다.

헷갈리는 말 살피기

'가르치다/가리키다', '~던지/~든지'처럼 헷갈리는 말이나 흉내 내는 말을 모아 뜻과 쓰임을 비교합니다.

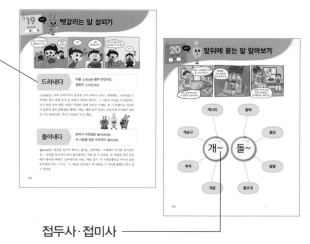

소리가 같은 말 비교하기

소리가 같은 한자를 중심으로, 소리는 같지만 뜻이 다른 동음이의어를 공부합니다.

접두사·접미사

'~장이/~쟁이'처럼 낱말 앞뒤에 붙어 새로운 뜻을 더하는 접두사·접미사를 배웁니다.

세 마리 토끼 잡는 초등 어휘 1일 학습은 **어떻게** 짜여 있나요?

어휘망

어휘망은 핵심 한자나 글자, 주제를 중심으로 쓰임이 많은 낱말을 모아 놓은 마인드맵입니다. 한자의 훈음과 관련 낱말들을 익히면, 한자를 이용해 낱말들의 속뜻을 짐작할 수 있습니다.

먼저 확인해 보기

미로 찾기, 십자말풀이, 색칠하기 등 다양한 활동을 하며 낱말의 뜻을 정확히 알고 있는지 확인할 수 있습니다.

익숙한 말 살피기

낱말을 아이들 눈높이에 맞춰 한자로 풀어 설명합니다. 한자와 뜻을 연결해 공부하면서 한자를 이용한 속뜻 짐작 능력을 키울 수 있습니다.

교과서 말 살피기

교과 내용을 낱말 중심으로 되짚어 봅니다. 확장된 지식과 낱말 상식 등을 함께 공부할 수 있습니다.

특별 구성

★ '주제로 배우는 한자어'는 동물, 학교, 수 등 주제를 중심으로 관련 어휘를 확장해서 공부합니다.

속뜻 짐작 능력 테스트

앞에서 배운 내용을 잘 이해했는지 확인하고, 핵심 한자를
활용해 낯설거나 어려운 낱말의 뜻을 스스로 짐작해 봅니다.

어휘망 넓히기

관련 있는 영단어와 새말 등을
확장해서 공부할 수 있습니다.
QR 코드를 찍으면 영어 발음을
듣고 배울 수 있습니다.

재미있는 우리말 유래 / 이야기

재미있는 우리말 유래 / 이야기

한 주 학습을 마치면, 우리말 유래나 우리
말에 얽힌 이야기를 소개하는 재미있는 만
화가 기다리고 있습니다.

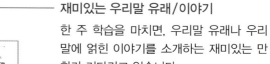

★ '헷갈리는 말 살피기'는 소리가 비슷한 낱말들을 비교할 수 있게 구성하였습니다.

세 마리 토끼 잡는 초등 어휘 이렇게 공부해요

1 매일매일 꾸준히 공부해요

〈세 마리 토끼 잡는 초등 어휘〉는 매일 6쪽씩 꾸준히 공부하는 책이에요. 재미있는 활동과 만화가 있어서 지루하지 않게 공부할 수 있지요. 공부가 끝나면 '○주 ○일 학습 끝!' 붙임 딱지를 붙이고, QR 코드를 이용해 영어 발음도 들어 보세요.

2 또 다른 낱말도 찾아보아요

하루 공부를 마치고 나면, 인터넷 사전에서 그날의 한자가 들어간 다른 낱말들을 찾아보세요. 아마 '어머, 이 한자가 이 낱말에 들어가?', '이 낱말이 이런 뜻이었구나.'라고 깨달으며 새로운 즐거움에 빠질 거예요. 새로 알게 된 낱말들로 나만의 어휘망을 만들면 더욱 도움이 될 거예요.

3 보고 또 봐요

〈세 마리 토끼 잡는 초등 어휘〉는 PART1에 나온 한자가 PART2나 PART3에도 등장해요. 보고 또 보아야 기억이 나고, 비교하고 또 비교해야 정확히 알 수 있기 때문이지요. 책을 다 본 뒤에도 심심할 때 꺼내 보며 낱말들을 내 것으로 만들어 보세요.

한 주 학습표	월	화	수	목	금	토
	매일 6쪽씩 학습하고, '○주 ○일 학습 끝!' 붙임 딱지 붙이기					주요 내용 복습하기

세마리 토끼 잡는 초등 어휘

P단계 1권

주	일차	단계		공부할 내용	교과 연계 내용
1주	1	PART1 (기본 어휘)		일(一)	[통합교과 겨울 1] 통일 비행기 접어 날리기 / 통일 희망 나무 만들기
	2			인(人)	[통합교과 가을 2] 직업 놀이하기 / 동네 사람들의 직업 알기
	3			생(生)	[통합교과 여름 1] 가족이 함께한 일 떠올려 보기 / 가족 행사 알아보기
	4			화(火)	[통합교과 가을 1] 우리 주변의 고마운 이웃 찾아보기 [통합교과 가을 2] 동네의 모습을 그림으로 나타내기
	5			수(水)	[통합교과 봄 2] 봄맞이 청소하기 / 물을 지키기 위한 약속 카드 만들기
2주	6			모(母)	[통합교과 여름 2] 다양한 가족의 특징 예상하기
	7			중(中)	[통합교과 겨울 2] 다른 나라의 자랑거리 살펴보기
	8			자(自)	[통합교과 가을 1] 이웃에게 도움을 받았던 경험 떠올려 보기 / '정다운 이웃' 노래 부르기
	9			년(年)	[통합교과 가을 1] 우리 가족을 통해 알게 된 이웃 표현하기
	10			실(室)	[통합교과 봄 1] 학교 둘러보기 / 학교에서 지켜야 할 규칙 알기
3주	11	PART2 (관계 어휘)	상대어	남녀(男女)	[통합교과 겨울 1] 우리나라 자랑거리 알기 / 우리나라 소개 자료 만들기
	12			노소(老少)	[통합교과 가을 1] 이웃과의 다양한 나눔 알아보기
	13			형제자매 (兄弟姊妹)	[통합교과 여름 1] 우리 가족을 위해 내가 할 수 있는 일 알아보기 [통합교과 여름 2] 우리 가족에 대해 이야기하기
	14		주제어	주택(住宅)	[통합교과 봄 2] 우리 집에 대해 이야기하기 / '우리 집' 노래 부르기
	15			가족(家族)	[통합교과 여름 1] 가족의 특징 찾아보기 / 가족사진 살펴보기
4주	16	PART3 (확장 어휘)	동음이의 한자	화(火/花)	[통합교과 겨울 1] 우리나라 자랑거리 알기
	17			일(日/一)	[국어 2-1] 나의 미래 일기 써 보기 [수학 2-2] 하루의 시간 알아보기
	18		흉내 내는 말	덜그럭덜그럭/달그락달그락 쿵쿵/콩콩 부글부글/보글보글	[국어 1-2] 흉내 내는 말 알아보기 [국어 2-2] 흉내 내는 말을 넣어 짧은 글 쓰기
	19		헷갈리는 말	드러내다/들어내다 띄다/띠다 껍데기/껍질	[국어 2-1] 알맞은 낱말을 사용해야 하는 까닭 알기 / 글을 읽을 때 낱말의 뜻 구분하기
	20		접두사/ 접미사	~장이/~쟁이	[국어 2-1] 글을 쓸 때 알맞은 낱말 사용하기 [통합교과 가을 2] 직업 놀이하기

contents

자, 준비됐니?
토야와 같이
출발~!

PART 1

PART1에서는 핵심 한자를 중심으로
우리말과 영어 단어, 교과 관련 낱말 들을 공부해요.

일(一)이 들어간 낱말 찾기

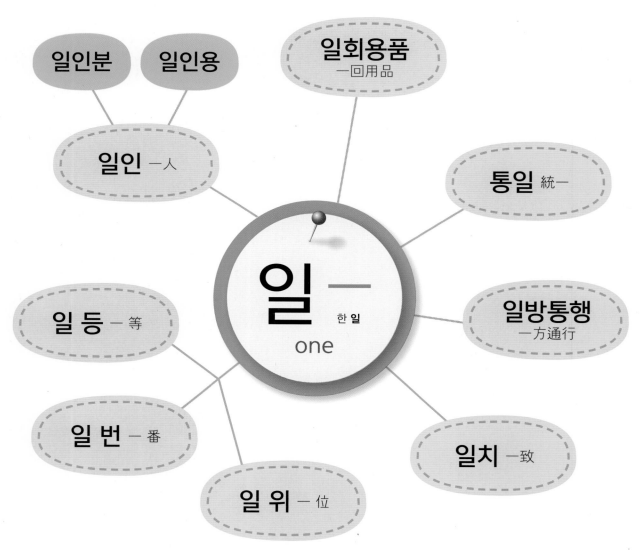

일인분   일인용

일인 一人

일회용품 一回用品

통일 統一

일방통행 一方通行

일치 一致

일위 一位

일번 一番

일등 一等

일 一
한 일
one

 '일(一)' 자에는 일인, 일회용품처럼 '하나'라는 뜻과 일 등, 일 번같이 '첫째'라는 뜻이 있어요.

1 각 낱말은 어떤 뜻을 가지고 있을까요? 꼬불꼬불 이어진 길을 따라가서 낱말의 뜻을 알아보세요.

일회용품

일 등

일치

통일

일방통행

여러 조각들이 서로 어긋나지 않고 꼭 들어맞는 것을 말해요.

한 번 쓰고 버리도록 만든 물건이에요.

나누어진 것을 하나로 합치는 것이에요.

경기에서 첫 번째로 잘한 것을 말해요.

한쪽 방향으로만 가도록 정한 길이에요.

일인
一(한 일) 人(사람 인)

일인은 한(한 일, 一) 사람(사람 인, 人)을 뜻해요. 음식점에서 '일인분'이라고 하면 한 사람이 먹을 만한 음식의 양을 말하지요. 또한 '일인용'은 한 사람이 쓸(쓸 용, 用) 만한 양이나 크기를 뜻해요.

일회용품
一(한 일) 回(돌 회)
用(쓸 용) 品(물건 품)

일회용품은 일 회(한 일 一, 돌 회 回), 즉 한 번만 쓰고(쓸 용, 用) 버리게 만든 물건(물건 품, 品)이에요. 종이컵, 일회용 젓가락, 일회용 접시 등이 모두 일회용품이지요.

통일
統(거느릴 통) 一(한 일)

통일은 나누어진 것을 하나로 합치거나, 각각 다른 것을 같게 만드는 거예요. 둘로 나뉜 나라를 하나로 합치거나, 친구들과 같은 색 옷을 맞춰 입는 것도 모두 통일이에요.

일방통행
一(한 일) 方(모 방)
通(통할 통) 行(다닐 행)

일방통행은 한 방향(모 방, 方)으로만 다니는(통할 통 通, 다닐 행 行) 것이에요. 일방통행을 하면 차들이 한 방향으로 다녀서 서로 부딪힐 일이 줄어요.

일치
一(한 일) 致(이를 치)

일치는 비교하는 것들이 어긋남 없이 같거나 꼭 들어맞는 것이에요. 여러 사람들의 생각이 같으면 '생각이 일치한다.'고 하지요. 일치의 상대어는 '아니 부/불(不)' 자를 붙인 '불일치'랍니다.

일 등/일 번
一(한 일) 等(무리 등)
番(차례 번)

'일(一)' 자에는 '첫째' 또는 '첫 번째'라는 뜻도 있어요. 그래서 일 등은 무리(무리 등, 等) 중에서 첫 번째(한 일, 一)라는 뜻이고, 일 번은 여럿 중 첫 번째 차례(차례 번, 番)를 말해요. '일 위'는 첫째가는 자리(자리 위, 位)를 뜻하지요.

한반도의 통일

★ 우리나라 지도를 보면서, 바르게 말한 두 친구를 찾아 ○ 해 볼까요?

> 우리나라는 사면이 땅으로 둘러싸여 있어요.

> 우리나라는 삼면이 바다로 둘러싸여 있어요.

> 우리나라는 위와 아래가 나누어져 있어요.

바른 설명 중 하나는 '우리나라는 삼면이 바다로 둘러싸여 있어요.'예요. 그래서 우리 땅을 '한반도'라고 불러요. 반(절반 반, 半)이 섬(섬 도, 島)이라는 뜻이지요. 또 다른 하나는 '우리나라는 위와 아래가 나누어져 있어요.'예요. 툭 잘라(끊을 단, 斷) 나누는(나눌 분, 分) 것을 '분단'이라고 해요. 한 민족이 남북으로 나누어져 안타깝고 아쉬운 게 참 많아요. 사람들 이야기를 들어 볼까요?

> 북한에 가족을 두고 왔어요.

> 북쪽 땅에는 자원이 많아요.

> 북쪽 땅에는 고조선과 고구려, 고려 등 역사 유적이 많아요.

> 남과 북의 사이가 나빠지면 외국 기업들이 우리 기업과 일하는 걸 달가워하지 않아요.

> 남과 북이 맞서고 있으니 우리가 군대에 가서 나라를 지켜야 해요.

> 여러 나라를 여행해 봤지만, 북한은 가 보지 못했어요.

한반도가 통일이 되면 우리는 헤어진 가족도 만나고 여럿이 지혜를 모아 더 좋은 나라를 만들 수 있을 거예요.

1 비눗방울에 담긴 낱말과 뜻풀이를 읽고, 각 낱말에 쓰인 '일' 자가 어떤 뜻을 지니고 있는지 낱말 카드에서 골라 색칠해 보세요.

| 여럿 | 하나 | 서로 |

2 속뜻짐작 빈칸에 알맞은 낱말을 골라 따라 써 보세요.

월	화	수	목	금	토	일
1	2	3	4	5	6	7

□□□은 월요일부터 일요일까지
7일이 합해진 것이에요.
하나의 주일을 뜻한답니다.

월요일부터
일요일까지는
주가 한 개니까!

| 일 | 주 | 일 |
| 일 | 개 | 월 |

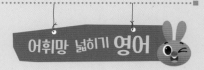

'일(一)' 자는 숫자 '1'과 '첫 번째'라는 순서를 모두 뜻해요.
영어에서는 숫자와 순서를 어떻게 말하는지 알아볼까요?

영어로 숫자 읽기

one(일)　two(이)　three(삼)　four(사)　five(오)

six(육)　seven(칠)　eight(팔)　nine(구)　ten(십)

I주 I일
학습 끝!

붙임 딱지 붙여요.

영어로 순서 세기

first (첫 번째)　second (두 번째)　third (세 번째)　fourth (네 번째)　fifth (다섯 번째)

tenth (열 번째)　ninth (아홉 번째)　eighth (여덟 번째)　seventh (일곱 번째)　sixth (여섯 번째)

QR 찍고 발음 듣기

인(人)이 들어간 낱말 찾기

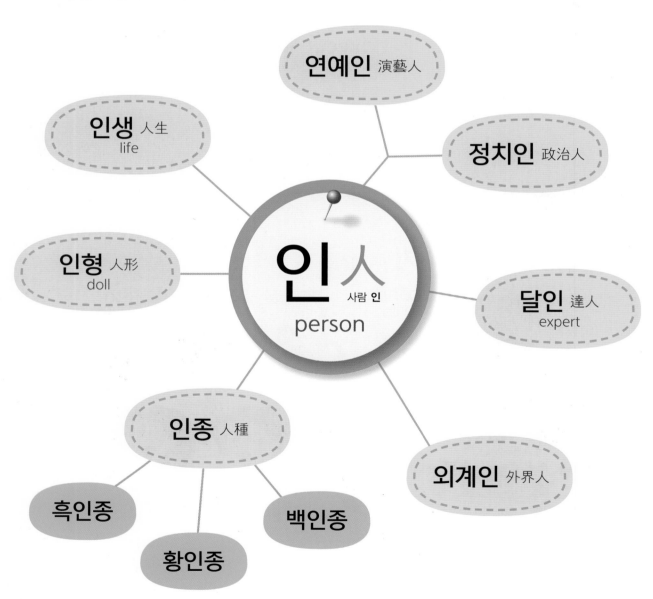

연예인 演藝人

인생 人生
life

정치인 政治人

인형 人形
doll

인 人
사람 인
person

달인 達人
expert

인종 人種

외계인 外界人

흑인종

백인종

황인종

1 우주인이 지구를 찾아 떠났어요. 팻말의 설명에 알맞은 낱말을 따라가면 지구에 갈 수 있지요. 우주인이 지구에 도착할 수 있도록 도와주세요.

인생
人(사람 인) 生(날 생)

인생은 사람(사람 인, 人)이 태어나서(날 생, 生) 살아가는 일을 말해요. '행복한 인생을 살았어요.'라는 말은 행복하게 살았다는 뜻이지요. 인생과 비슷한말로는 '일생', '생애', '인생살이' 등이 있어요.

연예인/정치인
演(펼/멀리 흐를 연) 藝(재주 예)
人(사람 인) 政(정사 정)
治(다스릴 치)

연예인은 타고난 재주(재주 예, 藝)를 사람들 앞에서 펼치는(펼/멀리 흐를 연, 演) 가수나 배우 같은 사람이고, **정치인**은 국민들을 위해 나라를 다스리는 일(정사 정 政, 다스릴 치 治)을 하는 사람이에요.

달인
達(통달할 달) 人(사람 인)

달인은 어떤 일에 재주와 기술이 남달리 뛰어난 사람이에요. 줄넘기 달인, 퀴즈 달인, 주차 달인처럼 우리 주변에는 달인이 많아요.

외계인
外(바깥 외) 界(지경 계)
人(사람 인)

만화 영화 등에서 희한하게 생긴 외계인들을 본 적이 있지요? **외계인**은 지구 바깥(바깥 외, 外)에 있는 다른 별에서 산다고 여겨지는 생명체랍니다.

인종
人(사람 인) 種(씨 종)

인종은 사람을 지역이나 생김새 등에 따라 나눈 것이에요. 피부색에 따라 흰(흰 백, 白) 피부를 가진 '백인종', 누런(누를 황, 黃) 피부를 가진 '황인종', 검은(검을 흑, 黑) 피부를 가진 '흑인종'으로 나누기도 해요.

인형
人(사람 인) 形(모양 형)

인형은 사람(사람 인, 人)이나 동물 모양(모양 형, 形)으로 만든 장난감이에요. 인형에는 곰 인형이나 바비 인형을 비롯해서, 사람의 목소리를 알아듣고 대답하는 인공 지능 인형도 있어요.

여러 가지 직업

여러분 부모님은 어떤 직업을 가지고 있나요? 직업은 보통 하는 일에 '인(사람 인 人)'이나 '가(집 가 家)' 자를 붙여 말해요. 예를 들어 방송에 관련된 일을 하면 '방송인', 음악에 관련된 일을 하면 '음악인'이나 '음악가'라고 하지요. '인'이나 '가' 자가 붙은 직업은 어떤 것들이 있는지 알아볼까요?

변호인 '변호'는 누군가를 돕기 위해 말하는 것이고, '변호인'은 재판받는 사람을 도와주고 그 입장을 대신 이야기해 주는 사람이에요.

언론인 '언론'은 신문이나 잡지, 방송 등을 통해 어떤 사실을 널리 알리는 일로, '언론인'에는 기자나 아나운서, 앵커 등이 속해요.

건축가 '건축'은 건물이나 다리 등을 짓는 일이고, '건축가'는 건물을 어떻게 지을지 계획하고, 잘 짓는지 감독하는 사람이에요.

작곡가 '작곡'은 음악의 가락을 만드는 일이고, '작곡가'는 그 일을 하는 사람이에요. 음악에 가사를 붙이는 사람은 '작사가'라고 해요.

'가(家)' 자가 붙은 또 다른 직업으로는, 예술과 관련된 일을 하는 '예술가'와 미술과 관련된 일을 하는 '미술가'가 있어요. 그리고 글을 쓰거나 사진을 찍는 '작가'와 사업을 하는 '사업가'도 있답니다.

1 ( ) 안의 두 낱말 중 문장에 어울리는 낱말에 ○ 하세요.

사람들은 지구 밖의 세상에 (연예인 / 외계인)이 있다고 생각해요.

아이뿐 아니라 어른들도 (인형 / 정치인)을 좋아해요.

2 빈칸에 들어갈 낱말을 직접 따라 써 보세요.

어떤 피자든 뚝딱 만들어 내는 피자의 달 인 !

피부색 때문에 사람을 차별하는 인 종 차별 반대!

3 속뜻짐작 각 줄에서 한 글자씩 골라 그림에 어울리는 낱말을 만들어 보세요.

운동선수와 감독, 코치 등 체육과 관련된 일을 하는 사람을 ▢▢▢(이)라고 해요.

변	육	독
체	음	호
판	심	인
↓	↓	↓

사람을 뜻하는 낱말은 '개인, 인간, 인류, 시민, 국민' 등 다양해요.
영어에도 사람을 뜻하는 여러 말들이 있지요. 무엇이 있는지 알아볼까요?

Man and human

man, human

'사람'이라고 말할 때는 보통 man을 써요. 하지만 '인류'라고 좀 더 큰 범위로 말할 때는 human이라고 해요.

I주 2일
학습 끝!

붙임 딱지 붙여요.

person, people, citizen

한 사람 한 사람 '개인'을 말할 때는 person이라고 하고, 개인뿐 아니라 '여러 사람'이나 '사람들'을 나타낼 때는 people이라고 해요. people은 한 나라에 속한 '국민'을 뜻하기도 하지요. 서울시나 용인시처럼 어떤 시에 사는 사람들인 '시민'은 citizen이라고 해요.

QR 찍고 발음 듣기

생(生)이 들어간 낱말 찾기

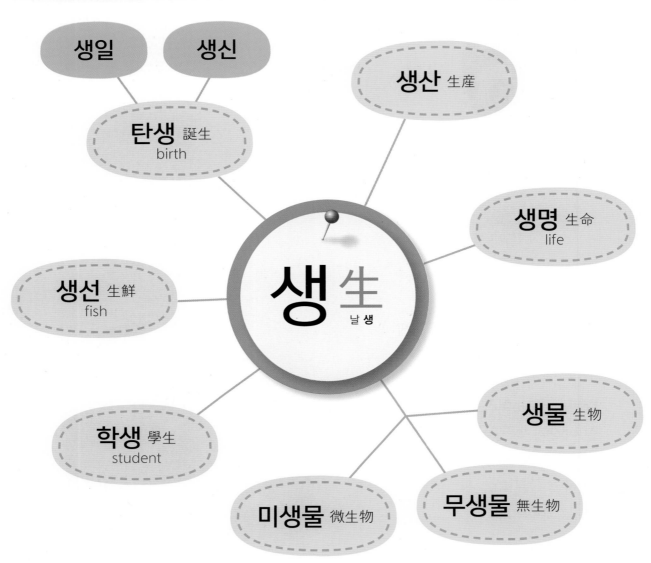

생일   생신

탄생 誕生
birth

생산 生産

생명 生命
life

생선 生鮮
fish

생 生
날 생

학생 學生
student

생물 生物

미생물 微生物

무생물 無生物

'생(生)' 자에는 생일처럼 '나다'라는 뜻과 생명처럼 '살다'라는 뜻, 학생같이 '사람'이라는 뜻, 생선처럼 '신선하다'라는 뜻이 있어요.

1 친구들이 수수께끼를 내며 낚시를 하고 있어요. 수수께끼의 답이 적혀 있는 물고기를 찾아 낚싯줄과 선으로 이어 보세요.

탄생
誕(낳을 탄) 生(날 생)

탄생은 사람이 세상에 나오는 것(날 생, 生)으로, 탄생한 날은 다른 날과 달리 '생일'이라고 구별해 불러요. 어른들에게는 생일이 아니라 '생신'이라고 높여 불러야 해요.

생산
生(날 생) 産(낳을 산)

생산은 사람이 생활하는 데 필요한 여러 가지 물건을 만들어 내는 거예요. 공장에서 물건을 만드는 것도 생산이고, 과수원 등에서 과일을 길러 내는 것도 생산이라고 해요.

생명
生(날 생) 命(목숨 명)

생명은 살아 있는(날 생, 生) 목숨(목숨 명, 命)을 뜻해요. 이때 '생(生)' 자는 '나다'라는 뜻이 아니라, '살다'라는 뜻으로 쓰였지요. 생명과 비슷한말로는 숨을 쉬며 살아 있는 힘을 뜻하는 '목숨'이 있어요.

생물/무생물
生(날 생) 物(물건 물)
無(없을 무)

생물은 생명을 가지고 살아가는 동물과 식물을 말해요. 생물 중에는 너무 작아서(작을 미, 微) 눈으로는 볼 수 없는 '미생물'도 있지요. 생물과 달리 생명이 없는(없을 무, 無) 돌이나 흙 등은 **무생물**이라고 해요.

학생
學(배울 학) 生(날 생)

'생(生)' 자에는 '사람'이라는 뜻도 있어요. **학생**은 배우는(배울 학, 學) 사람이고, '선생'은 가르치는 사람, '신입생'은 새로 들어온 사람, '졸업생'은 졸업하는 사람이에요.

생선
生(날 생) 鮮(고울/생선 선)

생선은 먹으려고 잡은 신선한 물고기예요. 여기에서 '생(生)' 자는 '신선하다'라는 뜻으로 쓰였지요. 식탁에 자주 오르는 고등어, 갈치, 참치 등이 모두 생선이에요.

첫 번째 생일인 '돌'

생일은 우리가 태어난 날이에요. 그중 처음 맞는 생일을 '돌'이라고 부르고, 돌잔치를 열어 축하해 주기도 해요. 첫 번째 생일인 돌과 돌잔치에 대해 함께 알아볼까요?

〈돌잔치에 담긴 뜻〉

돌과 돌잔치 '돌'은 사람이 태어나서 처음 맞는 생일이에요. 돌에는 '열두 달을 한 바퀴 돌았다.'는 뜻이 담겨 있지요. 옛날에는 병에 걸리거나 먹을 것이 없어서 일 년을 넘기지 못하고 죽는 아기들이 많았어요. 그래서 태어난 지 일 년이 되는 날, 무사히 자란 것을 축하하고 앞으로도 건강하게 지내라는 뜻으로 돌잔치를 열어 주었답니다. 이 풍습은 오늘날까지 이어지고 있지요.

돌잡이 '돌잡이'는 돌을 맞는 아기가 실, 돈, 곡식, 붓, 책 등 여러 가지 물건 중에서 한 가지를 고르게 하는 일이에요. 돌잡이 때 어떤 물건을 잡았는지에 따라 아기가 앞으로 어떻게 자라날지 그려 보고, 건강하게 잘 자라도록 빌어 준답니다.

돌상 '돌상'은 돌잔치 때 아기에게 차려 주는 잔칫상이에요. 요즘은 다양한 음식이 오르지만, 예전에는 돌상에 백설기와 수수팥떡을 꼭 올렸어요. 이 음식들이 나쁜 기운을 막아 준다고 생각했거든요. 그 외에도 미역국과 대추 등을 올려요.

1 그림과 설명이 뜻하는 낱말을 찾아 선으로 이어 보세요.

태어나서 목숨을 가진 것

태어난 날

여러 가지 물건을 만들어
내는 일

| 생산 | 미생물 | 생명 | 생일 |

2 다음 중 생물에 속하는 것을 모두 골라 보세요. (, ,)

① 병아리　　　② 나무토막　　　③ 황소　　　④ 매미　　　⑤ 돌멩이

3 속뜻짐작 설명을 읽고, 빈칸에 공통으로 들어갈 낱말을 찾아 색칠해 보세요.

○○은 살아서 활동하는 것으로,
학교에서 여러 가지 활동을 하는 것은
'학교○○'이라고 해요.

| 생물 | 생활 | 탄생 |

같은 부모에게서 태어나고
나보다 어린 사람은
○○이라고 해요.

| 선생 | 유학생 | 동생 |

28

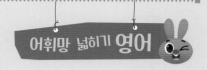

생일잔치에 빠질 수 없는 게 있어요. 바로 생일 축하 노래이지요.
생일 축하 노래를 영어로 불러 볼까요?

birthday

birthday는 '생일'이에요. '생일 축하 카드'는
birthday card라고 해요.

Happy birthday to you.
(생일 축하합니다.)

Happy birthday to you.
(생일 축하합니다.)

dear

dear는 '사랑하는' 또는 '소중한'
이라는 뜻이에요.

Happy birthday, dear my friend.
(사랑하는 내 친구, 생일 축하합니다.)

Happy birthday to you.
(생일 축하합니다.)

friend

friend는 '친구'예요. '가장 친한 친구'는
best friend라고 해요.

1주 3일
학습 끝!

붙임 딱지 붙여요.

QR 찍고 발음 듣기

04 1주 화(火)가 들어간 낱말 찾기

공부한 날짜

□월 □일

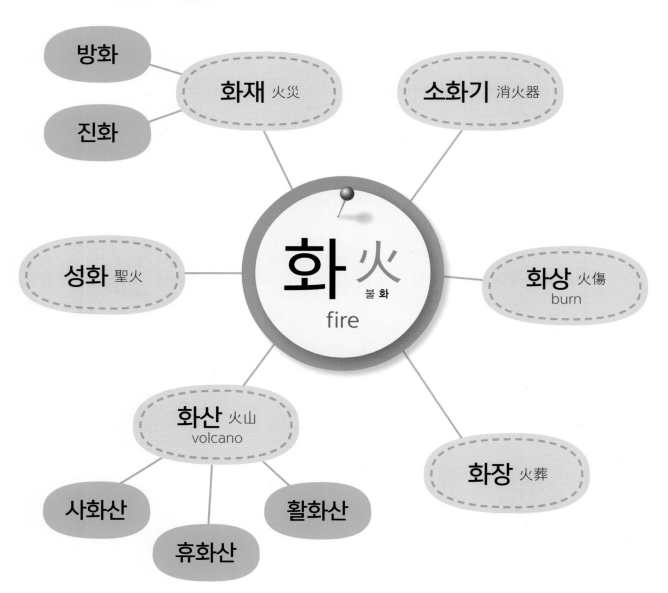

1 각 낱말은 어떤 뜻을 지니고 있을까요? 꼬불꼬불한 길을 따라가서 낱말의 뜻을 알아보세요.

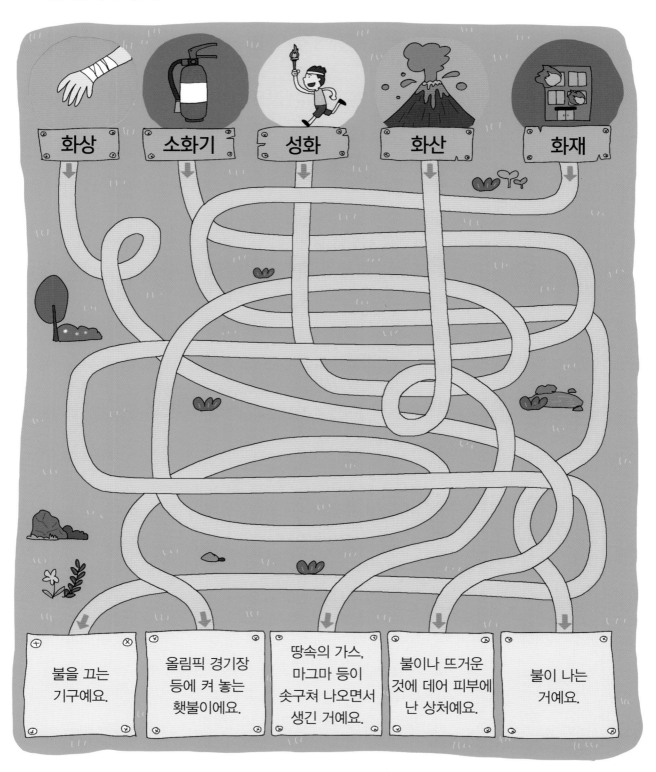

화재
火(불 화) 災(재앙 재)

화재는 불(불 화, 火) 불 때문에 생긴 큰 피해(재앙 재, 災)를 말해요. 일부러 불을 지르는 것은 '놓을 방(放)' 자를 써서 '방화'라고 하고, 반대로 불을 끄는 것은 '진압할 진(鎭)' 자를 넣어 '진화'라고 해요.

소화기
消(사라질 소) 火(불 화)
器(그릇 기)

소화기는 불을 끄는 기구(그릇 기, 器)로, 손잡이를 누르면 불을 끄는 가루가 나와요. 또 다른 소화 시설인 '소화전'은 수도관에 소화 호스를 연결해 불을 끄는 시설이에요.

화상
火(불 화) 傷(상할 상)

뜨거운 불이나 물에 덴 적이 있나요? **화상**은 불(불 화, 火)이나 뜨거운 물, 연기 등에 데어서 피부가 상한(상할 상, 傷) 거예요. 따가운 햇볕을 오래 쬐도 화상을 입을 수 있어요.

화장
火(불 화) 葬(장사 지낼 장)

사람이 죽으면 무덤에 묻기도 하지만 불에 살라 땅이나 물에 뿌리기도 해요. 이렇게 불에 태워서 장사 지내는 것을 **화장**이라고 하지요. 그리고 화장하도록 시설을 갖추어 놓은 곳을 '화장터'라고 해요.

화산
火(불 화) 山(산 산)

화산은 땅속에 있는 뜨거운 마그마나 암석, 가스 등이 땅 위로 뿜어져 나와 산처럼 만들어진 거예요. 화산 활동을 계속하는(살 활, 活) 화산은 '활화산', 화산 활동을 쉬고 있는(쉴 휴, 休) 화산은 '휴화산', 더 이상 활동을 하지 않는(죽을 사, 死) 화산은 '사화산'이라고 해요.

성화
聖(성스러울 성) 火(불 화)

성화는 올림픽처럼 큰 경기에서 경기장에 켜 놓는 불이에요. 올림픽 성화는 올림픽이 시작된 그리스에서 불을 지핀 다음, 여러 사람이 이어 들고 달려와 올림픽이 열리는 경기장으로 옮겨요.

우리 모두 불조심!

우리 집에 갑자기 불이 나면 어떻게 할까요? 재빨리 불길이 닿지 않는 곳으로 피한 뒤 소방서에 신고를 해야 해요. 그러면 소방관이 달려와서 우리를 도와주지요. 그런데 소방관이 하는 일은 불을 끄는 것만이 아니에요. '소방'은 화재 또는 재난을 사라지게(사라질 소, 消) 하거나 막는 것(막을 방, 防)을 뜻하거든요. 소방관이 하는 일을 좀 더 자세히 알아볼까요?

〈소방관이 하는 일〉

① 큰불이 나지 않도록
미리 건물 이곳저곳을 살펴요.

② 불이 나면 재빨리 출동해
사람들을 구하고 불을 꺼요.

③ 위급한 환자가 생기면 빠르게 달려가
환자를 병원으로 옮겨요.

④ 화재 사고가 아니어도 큰 사고가 나면
어디든 달려가 사람들을 도와요.

사람들은 속상한 일이 있을 때 '속에서 불이 난다.'라고 말하곤 해요. 물론 몸 안에서 진짜 불이 나는 것은 아니에요. 일이 뜻대로 되지 않아 마음에 화(불 화, 火)가 나는 것을 그렇게 말하는 것이지요. 화가 많이 나서 몸까지 아프게 되면 '화병(불 화 火, 병 병 病)이 났다.'고 말한답니다.

33

1 흐린 글자를 바르게 따라 써서 그림에 어울리는 낱말을 완성해 보세요.

화 산

성 화

화 상

2 어려움에 빠진 친구에게 도움이 되는 것을 모두 찾아 ○ 하세요.

화재가 났어요. 어떻게 하죠?

3 속뜻짐작 빈칸에 알맞은 낱말을 그림에서 찾아 ○ 하세요.

목성
천왕성
금성
수성
지구
화성
토성
해왕성

불을 닮았다고? 그럼 불을 뜻하는 한자가 쓰이겠네.

태양에 네 번째로 가까운 별이에요. 이 별은 붉은색을 띠어서 동양에서는 불을 뜻하는 '화(火)' 자를 써서 ○○(이)라고 불러요. 서양에서는 '전쟁의 신(마르스)' 이름을 따서 Mars라고 부르지요.

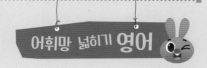

불은 영어로 fire라고 해요.
불과 관련하여 자주 쓰는 영어 표현과 단어를 알아보아요.

fire engine, fire fighter

'불' 하면 가장 먼저 떠오르는 말이 소방차이지요? '소방차'는 fire engine, 또는 fire truck이라고 해요. '소방관'은 불과 싸우는 사람, 즉 fire fighter라고 하지요.

1주 4일
학습 끝!

붙임 딱지 붙여요.

put out a fire

'불이 나다.'라는 표현은 '발생하다'라는 뜻인 break out을 써서 'A fire breaks out.'이라고 해요. '불을 끄다.'는 'Put out a fire.'를 쓴답니다.

I got burned.

burn은 '불태우다'라는 뜻을 가진 단어인데, '화상'이라는 뜻도 있어요. 그래서 '나 화상 입었어.'는 'I got burned.'라고 말해요.

QR 찍고 발음 듣기

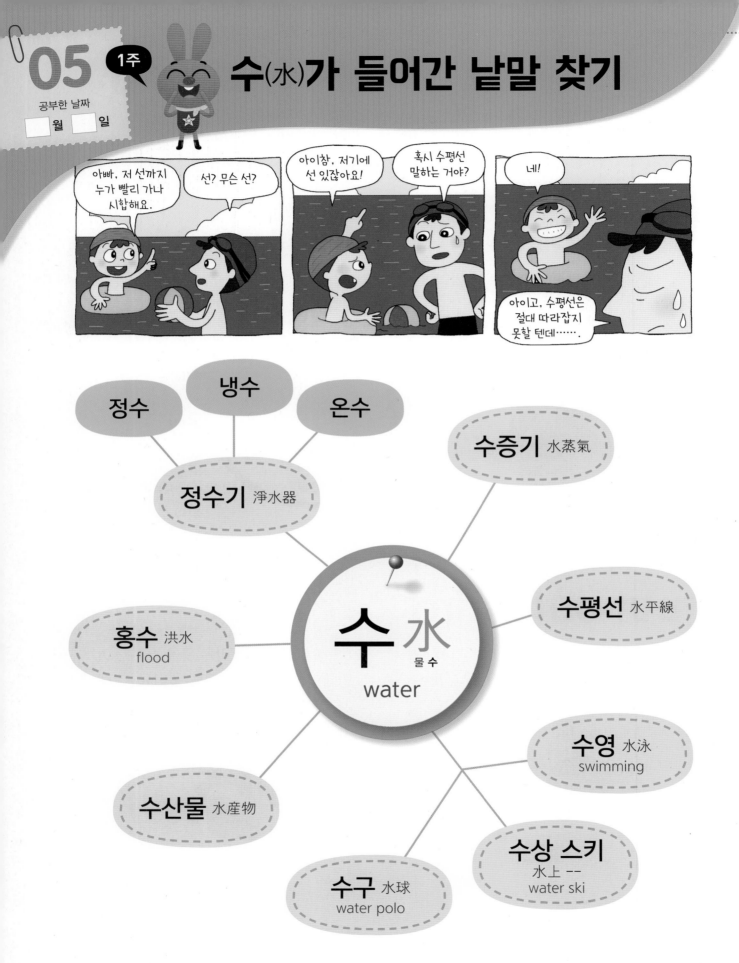

1 친구들이 수상 스키를 타고 있어요. 친구들의 질문에 대한 답을 찾아 선으로
이으면, 수상 스키를 어느 배가 이끄는지 알 수 있어요.

정수기
淨(깨끗할 정) 水(물 수)
器(그릇 기)

정수기는 거르는 장치를 통해 물(물 수, 水)을 깨끗하게(깨끗할 정, 淨) 만드는 기구예요. 어떤 정수기는 깨끗한 물인 '정수'를 차가운(찰 냉/랭, 冷) '냉수'나 따뜻한(따뜻할 온, 溫) '온수'로도 제공해요.

수증기
水(물 수) 蒸(찔 증)
氣(기운 기)

물을 끓이면 물이 연기처럼 하늘로 올라가지요? 이것을 **수증기**라고 해요. 수증기는 물처럼 만질 수 없어요. 이렇게 기운(기운 기, 氣)만 느껴지는 상태를 '기체'라고 해요.

수평선
水(물 수) 平(평평할 평)
線(줄 선)

바다에 가서 수평선을 본 적이 있나요? **수평선**은 물과 하늘이 맞닿아 평평하게(평평할 평, 平) 가르는 선(줄 선, 線)이 생긴 거예요. 반대로 땅(땅 지, 地)과 하늘이 맞닿은 선은 '지평선'이라고 해요.

수영/수상 스키
水(물 수) 泳(헤엄칠 영)
上(위 상)

수영은 물속을 헤엄치는(헤엄칠 영, 泳) 것이에요. 수영처럼 물에서 하는 운동으로는 스키를 타고 물 위를 달리는 **수상 스키**와 물에서 헤엄치며 상대방의 골에 공을 넣는 '수구' 등이 있어요.

수산물
水(물 수) 産(낳을 산)
物(물건 물)

수산물은 생선, 조개, 미역처럼 바다나 강 등에서 나는 동물과 식물이에요. 그중 바다에서 나는 동물과 식물은 '바다 해(海)' 자를 넣어 '해산물'이라고도 불러요.

홍수
洪(넓을 홍) 水(물 수)

홍수는 비가 많이 와서 강이나 개천 물이 넘치는 것이에요. 홍수를 고유어로 '큰물'이라고 하지요. 반대로 오랫동안 비가 내리지 않아 메마른 것은 '가뭄'이라고 해요.

지켜요, 깨끗한 물!

예전에는 지하수나 우물물 등을 끓이지 않고 그냥 마셨어요. 그냥 마셔도 될 만큼 물이 깨끗했거든요. 하지만 요즘에는 물이 많이 더러워져서 아무 물이나 마시다가는 탈이 날 수 있어요. 이렇게 물의 질이 나빠진 것을 '수질 오염'이라고 하지요. 그림을 보며 물이 왜 이렇게 더러워졌는지 알아볼까요?

[원인 1] 배에서 흘러나온 석유
석유는 주로 배에 실어 여러 나라로 배달돼요. 그 과정에서 가끔 석유가 바다에 쏟아지는 사고가 일어나지요. 이렇게 바닷물로 흘러 들어간 석유는 물을 더럽히고, 많은 생물을 위험에 빠뜨려요.

[원인 2] 집에서 버리는 하수
집에서는 매일 많은 물을 써요. 세수나 샤워도 하고, 설거지나 청소, 빨래도 하지요. 이렇게 더러워진 물이 강이나 바다로 흘러 들어가면 물을 더럽히게 돼요.

[원인 3] 공장 폐수
공장에서 물건을 만들 때 생긴 더러운 물이 강이나 바다로 들어가 물을 더럽히기도 해요. 특히 우리 몸에 해로운 성분이 강이나 바다로 들어가면 사람과 자연에게 매우 위험해요.

[원인 4] 가축의 똥과 오줌
돼지와 소 등 가축이 누는 똥오줌 역시 물을 더럽히는 중요한 원인이에요. 동물의 똥오줌은 매우 독하고 양도 많아서, 안 좋은 냄새도 나고 처치도 어렵답니다.

1 그림 속에 숨은 글자들을 엮어서 빈칸에 알맞은 낱말을 만들어 보세요.

① 바다나 강 같은 물에서 나는 것을 ☐ ☐ ☐ (이)라고 해요.

② ☐ ☐ ☐ 은/는 물과 하늘이 맞닿은 곳에 생긴 선이에요.

③ 갑자기 비가 많이 와서 강 등이 흘러넘치는 것을 ☐ ☐ (이)라고 해요.

2 속뜻 짐작 그림과 설명에 알맞은 낱말을 붙임 딱지에서 찾아 붙여 보세요.

사람이 마실 수 있는
신선한 물

붙이는 곳

물속에서 공을 상대편
골에 넣는 운동

붙이는 곳

팔팔 끓어 기체가 된 물

붙이는 곳

계곡, 호수, 강, 바다는 모두 물이 많이 모여 있는 곳이에요.
계곡, 호수, 강, 바다를 영어로는 각각 어떻게 말하는지 알아볼까요?

valley

valley는 '계곡'이나 '골짜기'를 말해요. 여름에 계곡물에 발을 담그면 참 시원하지요? 나무 그늘이 있으면 더욱 좋고요. 이렇게 '나무가 많은 계곡'은 영어로 wooded valley라고 해요.

lake

lake는 '호수'예요. 미국과 캐나다의 국경에는 다섯 개의 큰 호수가 걸쳐 있는데, 그 호수를 '오대호'라고 불러요. '오대호'는 영어로 the Great Lakes라고 해요.

I주 5일
학습 끝!

붙임 딱지 붙여요.

river

river는 '강'이에요. 서울에는 한강이 흐르지요? '한강'은 영어로 the Han River라고 해요.

sea

sea는 '바다'예요. 우리나라는 남해, 동해, 서해로 둘러싸여 있어요. '남해'는 the South Sea, '동해'는 the East Sea, '서해'는 the West Sea라고 해요. 서해는 '황해'라고도 해요. '황해'는 the Yellow Sea예요.

QR 찍고 발음 듣기

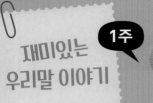
상나라 사람들의 가게 '상점'

아주 오래전 중국 땅에는 '상나라'가 있었어요. 상나라는 '은나라'라고도 불렸지요.

상나라

상나라 사람들이 편히 지내던 어느 날, 주나라 무왕이 쳐들어왔어요.

이제부터 이곳은 내 땅이다!

무왕

으악!

나라를 잃은 상나라 사람들은 이곳저곳으로 흩어졌어요.

이제 어떻게 먹고살아야 하나······.

상점(장사 상 商, 가게 점 店): 물건을 파는 곳을 가리켜요.

모(母)가 들어간 낱말 찾기

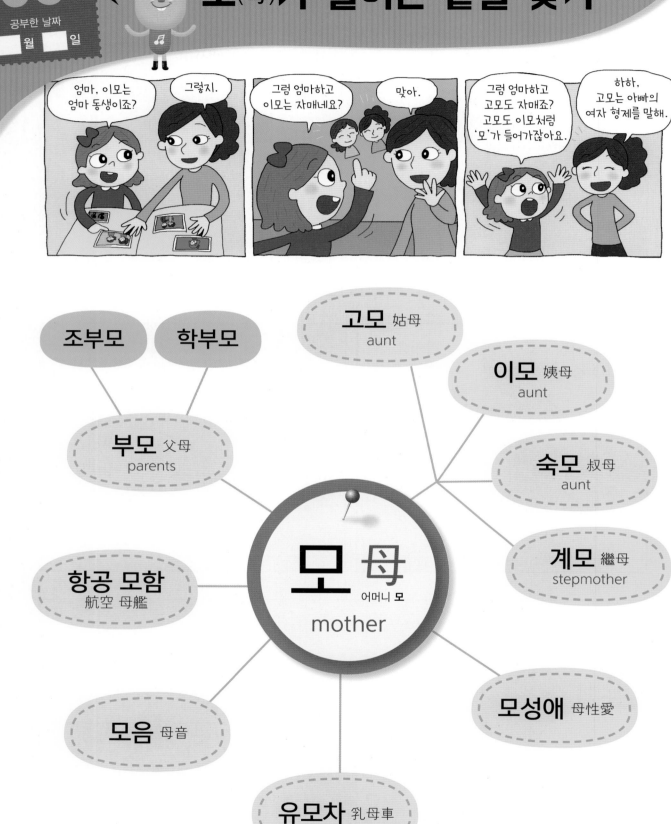

조부모

학부모

부모 父母
parents

항공 모함
航空 母艦

모음 母音

유모차 乳母車

고모 姑母
aunt

이모 姨母
aunt

숙모 叔母
aunt

계모 繼母
stepmother

모 母
어머니 모
mother

모성애 母性愛

44

1 사진을 보고 (   ) 안의 두 낱말 중 알맞은 것에 ○ 하세요.

① 아빠와 아빠의 누나인 (고모 / 이모)의 어린 시절 사진이에요.

② 엄마와 엄마의 동생인 (고모 / 이모)의 어린 시절 사진이에요.

③ 작은아버지와 작은아버지의 아내인 (계모 / 숙모)의 사진이에요.

2 부모님이 아기를 유모차에 태워서 산책시키고 있어요. 그림 속에 숨어 있는 자음과 모음 중에서 모음만 찾아 ○ 해 보세요.

3 그림에 어울리는 낱말은 무엇일까요? 알맞은 글자를 따라 써 보세요.

학
조   부모

부모
父(아버지 부) 母(어머니 모)

부모는 아버지(아버지 부, 父)와 어머니(어머니 모, 母)를 함께 부르는 말이에요. 할아버지와 할머니는 '할아버지 조(祖)' 자를 넣어 '조부모'라고 하고, 학생의 부모는 '배울 학(學)' 자를 넣어 '학부모'라고 불러요.

고모/이모
姑(시어머니 고) 母(어머니 모)
姨(이모 이)

고모는 아버지의 여자 형제이고, **이모**는 어머니의 여자 형제예요. '숙모'는 작은아버지의 아내, '외숙모'는 외삼촌의 아내를 가리키지요. 한편 '계모'는 아버지가 새로 결혼해서 생긴 새어머니를 말해요.

모성애
母(어머니 모) 性(성품 성)
愛(사랑 애)

자식에 대한 어머니의 사랑(사랑 애, 愛)을 **모성애**라고 해요. 자식에 대한 아버지(아버지 부, 父)의 사랑은 '부성애'라고 하지요.

유모차
乳(젖 유) 母(어머니 모)
車(수레 차/거)

유모차는 어린아이를 태워서 밀고 다니는 수레예요. 주로 젖을 먹는 아기들이 타서 '젖 유(乳)' 자가 들어가지요. 유모차에서 '차' 자를 뺀 '유모'는 남의 아이에게 엄마 대신 젖을 먹여 주는 여자예요.

모음
母(어머니 모) 音(소리 음)

모음은 우리말의 ㅏ, ㅑ, ㅓ, ㅕ, ㅗ, ㅛ 등을 가리켜요. 혼자서도 소리 낼 수 있어서 '홀소리'라고도 하지요. 모음과 함께 쓰이는 ㄱ, ㄴ, ㄷ, ㄹ 등은 자음으로, '닿소리'라고도 불러요.

항공 모함
航(배 항) 空(빌 공)
母(어머니 모) 艦(싸움배 함)

항공 모함은 항공기를 싣고 다니면서 뜨고 내릴 수 있게 만든 커다란 군함이에요. 엄마처럼 전투기를 품어 주기 때문에 '어머니 모(母)' 자를 써요.

동물들의 모성애와 부성애

사람처럼 동물들의 세계에서도 감동적인 모성애와 부성애를 종종 만날 수 있어요. 동물들이 보여 주는 모성애와 부성애, 함께 만나 볼까요?

▲ 주머니 안에 새끼를 넣고 다니면서 돌보는 캥거루

캥거루의 모성애
새끼 캥거루는 사람 손톱만큼 작고 눈도 뜨지 못한 채 태어나요. 그래서 엄마 캥거루는 새끼를 안전하게 주머니에 넣고 다니며 젖을 먹여 키워요. 이렇게 새끼를 배에 넣어 키우는 동물 중에는 코알라도 있어요.

문어의 모성애
엄마 문어는 한 번에 20만 개의 알을 낳아요. 바위틈에 알을 낳은 문어는 알이 바닷물에 쓸려 가거나, 다른 동물들에게 먹히지 않도록 알을 지키고 돌보아요. 자리를 옮기지도 않고, 먹지도 않지요. 알이 상하지 않도록 계속 신선한 물을 뿜어 주기도 하고요. 엄마 문어는 그렇게 무려 두세 달 동안 새끼들을 감싸 안고 지내요.

▲ 알 곁을 떠나지 않고 지키는 문어

▲ 새끼를 배 밖에 내놓는 수컷 해마

해마의 부성애
해마는 특이하게도 아빠가 새끼를 낳아요. 아빠 해마에게는 캥거루처럼 배에 주머니가 있는데, 엄마 해마가 알을 가지면 긴 대롱을 통해서 50~100개의 알을 아빠 해마의 주머니에 쏙 넣어 주어요. 그러면 아빠 해마는 한 달가량 알을 품다가 새끼들을 세상에 내놓아요.

1 각 설명에 해당하는 낱말을 붙임 딱지에서 찾아 붙여 보세요.

자식에 대한 어머니의 사랑이에요.	할아버지와 할머니를 함께 이르는 말이에요.	학생의 아버지나 어머니를 일컫는 말이에요.	항공기가 뜨고 내릴 수 있는 커다란 군함이에요.
붙이는 곳	붙이는 곳	붙이는 곳	붙이는 곳

2 신데렐라와 백설 공주, 콩쥐의 공통점은 무엇일까요? 초성 힌트를 참고하여 빈칸에 알맞은 낱말을 써 보세요.

신데렐라

백설 공주

콩쥐

➡ 이들은 아버지가 새로 결혼하여 맞이한 ⎡ㄱ⎤ ⎡ㅁ⎤ 이/가 있었어요.

3 속뜻짐작 어머니와 아들을 함께 부르는 낱말을 찾아 색칠해 보세요.

모자

부자

모녀

남자 손주는 '손자'라고 하니, 아들과 어머니는?

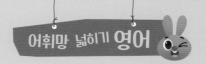
부모님을 비롯해 할아버지, 할머니, 삼촌, 이모, 고모는 영어로 어떻게 부를까요?
친척을 가리키는 말을 영어로 배워 보아요.

parents:
father, mother

'부모님'은 영어로 parents예요. '아버지'는 father, '어머니'는 mother이지요. 부모님을 친근하게 부르는 '엄마'는 mom, '아빠'는 dad라고 불러요.

aunt, uncle

미국, 영국 등 서양에서는 친가와 외가의 구분이 없어요. 그래서 우리나라처럼 '이모, 고모, 숙모'라고 구별해서 부르지 않고 '여자 어른'들은 모두 aunt, 삼촌, 외삼촌, 이모부, 고모부 등 '남자 어른'들은 모두 uncle이라고 해요.

2주 l일
학습 끝!

붙임 딱지 붙여요.

grandmother grandfather father mother aunt uncle

grandparents:
grandfather, grandmother

'조부모님'은 영어로 grandparents예요. '할아버지'는 grandfather, '할머니'는 grandmother이지요. '할아버지'를 친근하게 부를 때는 grandpa, '할머니'를 친근하게 부를 때는 grandma라고 해요.

QR 찍고 발음 듣기

중(中)이 들어간 낱말 찾기

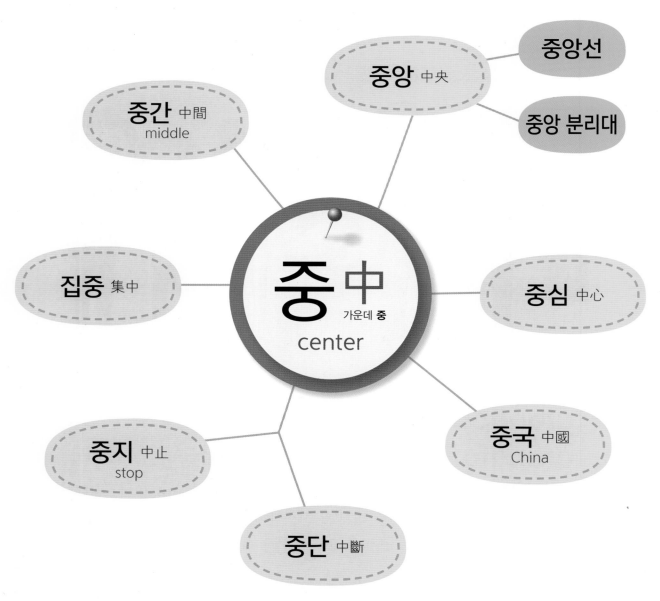

중앙 中央
중앙선
중앙 분리대

중간 中間
middle

중 中
가운데 중
center

집중 集中

중심 中心

중지 中止
stop

중국 中國
China

중단 中斷

1 친구들의 말을 잘 읽고, 알맞은 곳에 손 붙임 딱지를 붙여 보세요.

2 친구들의 설명에 따라 그림을 알맞게 색칠해 보세요.

중간
中(가운데 중) 間(사이 간)

중간은 여러 물건이나 시간 등의 사이나 가운데를 뜻해요. '학교와 집의 중간'이라고 하면 두 건물의 가운데쯤을 말하고, '수업 중간'이라고 하면 수업을 하는 동안을 말해요.

중앙
中(가운데 중) 央(가운데 앙)

중앙은 어떤 공간의 한가운데예요. 도로 한가운데에는 방향이 다른 차선을 구분해 주는 노란색 선인 '중앙선'이 있어요. 그리고 중앙선 자리에 낮게 세운 장벽은 '중앙 분리대'라고 해요.

중심
中(가운데 중) 心(마음 심)

중심은 물건의 한가운데나 일의 중요한 부분이에요. '과녁의 중심'은 과녁의 한가운데를 말하고, '생활의 중심'은 생활할 때 가장 중요하고 기본이 되는 것을 뜻해요.

중국
中(가운데 중) 國(나라 국)

중국은 아시아 동북쪽에 있는 나라예요. 드넓은 영토와 많은 인구를 가지고 있지요. 나라 이름에 '중(中)' 자를 넣은 것은 자신들이 세계의 중심이라고 여겼기 때문이에요.

중단/중지
中(가운데 중) 斷(끊을 단)
止(그칠 지)

중단은 어떤 일이나 행동 등이 중간에(가운데 중, 中) 끊어지는(끊을 단, 斷) 거예요. 중지 역시 어떤 일을 하다가 중간에 그만두는(그칠 지, 止) 것이지요. 비슷한말로 '정지'가 있어요. 정지는 '움직이던 것이 멈추다.'라는 뜻도 있지만 '하던 일을 그만두다.'라는 뜻도 있지요.

집중
集(모일 집) 中(가운데 중)

집중은 한곳을 중심으로 모이거나, 한 가지 일에 모든 힘을 쏟아붓는 거예요. 정신을 한곳에 모으는 것을 '정신 집중'이라고 하고, 어느 한 지역에 갑자기 많은 비가 내리는 것을 '집중 호우'라고 해요.

중국과 한자

중국 사람들은 옛날부터 자기 나라가 세상의 중심이라고 여겼어요. 그래서 본인들 스스로를 '중화(가운데 중 中, 빛날 화 華)'라고 불렀지요. 자장면이나 짬뽕 등을 파는 '중화요리 전문점'의 '중화'가 바로 중국을 뜻해요. 자신들이 세상의 중심이라고 믿은 중국인들, 그들이 쓰는 글자인 한자에 대해 알아볼까요?

이 많은 한자를 누가 만들었어?

한자는 누가 만들었는지 정확하게 알려지지 않았어. 여러 유물 등을 통해 아주 오래전부터 만들어 썼다는 것만 짐작하고 있지.

한자는 왜 이렇게 복잡하게 생겼지?

한자 중에는 모양을 본떠 만든 것도 있고, 두세 가지를 합쳐서 만든 것도 있어. 그래서 '山(산 산)' 같은 글자는 모양만 봐도 '아, 산이구나.' 알 수 있지만, '國(나라 국)' 같은 글자는 모양만으로는 그 뜻을 알 수 없단다.

이 한자가 뭐게?

중!

무슨 중?

그냥 중……, 아니야?

허허, 한자는 한 글자에 뜻과 소리가 모두 들어 있단다. '中'에는 '가운데'라는 뜻과 '중'이라는 소리가 모두 들어 있지. 그래서 '가운데 중'이라고 읽어야 해. 이제 한자에 대해 좀 알겠지?

1 세 친구가 영화를 본 뒤 이야기를 나누고 있어요. 밑줄 친 낱말을 바르게 쓴 친구들에게 ○ 하세요.

영화 보는 **중간**에 갑자기 화장실에 가고 싶었어.

나도. 그런데 자리가 **중앙**이어서 나갈 수가 없었어.

에이, 급하면 영화 보는 **중심**이라도 화장실에 가야지.

2 ( ) 안의 두 낱말 가운데 알맞은 것에 ○ 하세요.

① 연아가 피아노 연주에 (중지 / 집중)하고 있어요.

② 홍수 때문에 지하철 운행이 (중단 / 중앙)되었어요.

3 속뜻짐작 빈칸에 들어갈 글자를 주머니에서 찾아 써 보세요.

해가 ☐천에 떴는데, 아직도 자니?

☐천은 하늘의 한가운데를 뜻해요.

시, 국, 대, 소, 문, 중

☐ 천

54

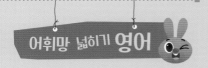

중국은 영어로 China라고 해요.
중국 하면 떠오르는 것들을 영어로 배워 볼까요?

Chinese character

Chinese character는 중국 글자인 '한자'예요. 한자는 글자 하나에 소리와 뜻이 모두 들어 있는 중국 고유의 글자랍니다.

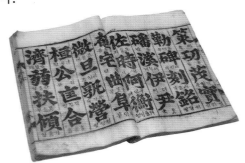

population

중국은 인구가 14억 명이 넘는 나라로, 세계에서 인구가 가장 많아요. '인구'는 영어로 population이라고 해요.

2주 2일
학습 끝!

붙임 딱지 붙여요.

The Great Wall of China

The Great Wall of China는 '만리장성'이에요. 만리장성은 중국의 옛 왕들이 북쪽에서 쳐들어오는 다른 민족들을 막으려고 세운 아주 긴 성벽이에요.

QR 찍고 발음 듣기

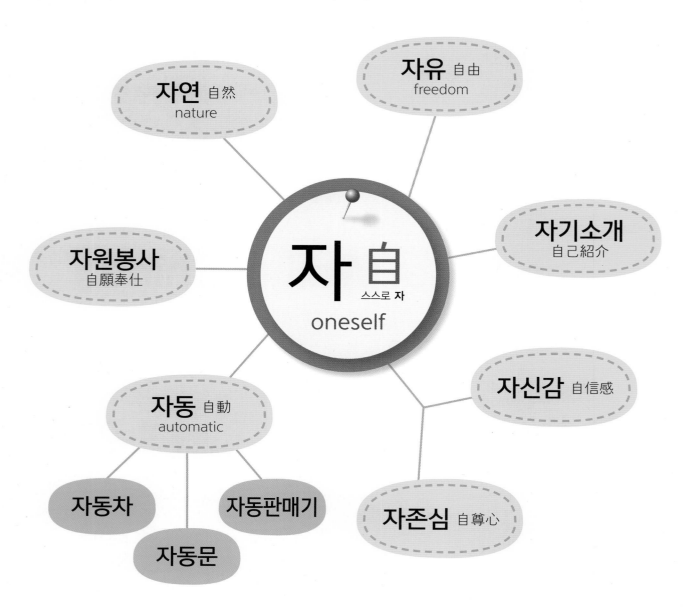

자연 自然 nature

자유 自由 freedom

자기소개 自己紹介

자원봉사 自願奉仕

자 自
스스로 자
oneself

자신감 自信感

자동 自動 automatic

자동차

자동판매기

자동문

자존심 自尊心

1 각 낱말은 어떤 뜻을 가지고 있을까요? 꼬불꼬불 꼬인 길을 따라가서 각 낱말의 뜻을 알아보세요.

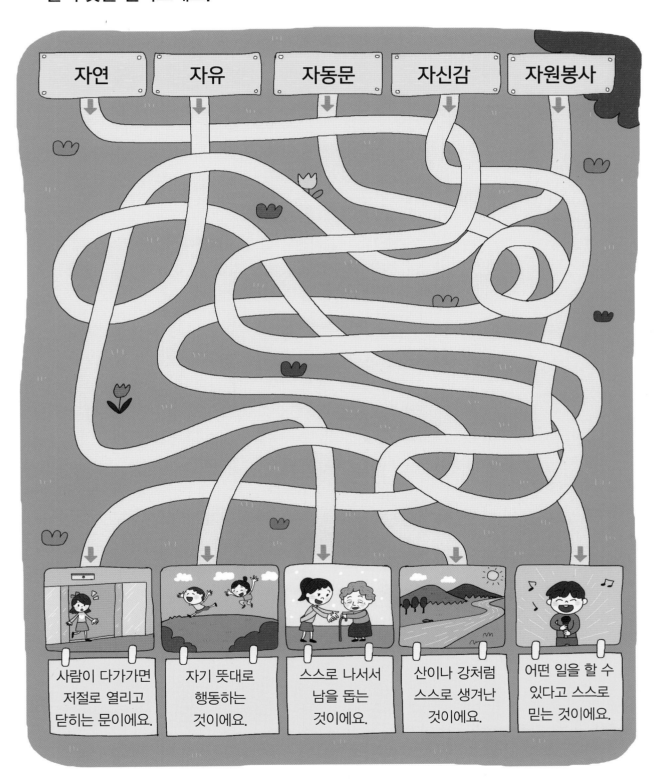

| 자연 | 자유 | 자동문 | 자신감 | 자원봉사 |

사람이 다가가면 저절로 열리고 닫히는 문이에요.

자기 뜻대로 행동하는 것이에요.

스스로 나서서 남을 돕는 것이에요.

산이나 강처럼 스스로 생겨난 것이에요.

어떤 일을 할 수 있다고 스스로 믿는 것이에요.

자연
自(스스로 자) 然(그럴 연)

자연은 산이나 강, 바다처럼 사람의 힘이 더해지지 않고 스스로 (스스로 자, 自) 생겨나 그렇게(그럴 연, 然) 된 것들이에요. '자연 보호'는 이런 자연을 잘 지키는 것을 말해요.

자유
自(스스로 자) 由(말미암을 유)

자유는 다른 것에 얽매이지 않고 스스로 생각하고 행동하는 거예요. 그래서 '자유 여행'은 다른 사람들에게 얽매이지 않고 마음껏 돌아다니면서 원하는 대로 먹거나 노는 여행이에요.

자기소개
自(스스로 자) 己(몸 기)
紹(이을 소) 介(끼일 개)

자기소개는 나 자신을 다른 사람에게 설명하거나 알리는 거예요. 주로 처음 만났을 때 하지요. 내 이름과 성격, 좋아하는 것 등 자유롭게 여러분을 소개해 보세요.

자신감/자존심
自(스스로 자) 信(믿을 신)
感(느낄 감) 尊(높을 존)
心(마음 심)

자신감은 어떤 일을 잘할 수 있다고 스스로를 믿는(믿을 신, 信) 느낌(느낄 감, 感)이에요. 자존심은 스스로를 높이는(높을 존, 尊) 마음(마음 심, 心)이고요. 소리가 비슷한 '자만심'은 거만하게(거만할 만, 慢) 스스로를 뽐내는 마음이에요.

자동
自(스스로 자) 動(움직일 동)

자동은 스스로 움직이는(움직일 동, 動) 것이에요. '자동차'는 밀지 않아도 스스로 움직이는 차이고, '자동문'은 스스로 알아서 열리는 문이지요. '자동판매기'는 사람 없이 물건을 파는 기계예요.

자원봉사
自(스스로 자) 願(원할 원)
奉(받들 봉) 仕(벼슬할 사)

자원봉사는 스스로 원해서 돕는 것이에요. 자원봉사를 하는 사람은 '자원봉사자'라고 하지요. 자원봉사를 하는 방법은 어려운 이웃을 돕거나 캠페인에 참여하고 재능을 기부하는 등 다양해요.

서로 돕는 우리

자원봉사는 아무것도 바라지 않고 남을 돕는 거예요. 예전에는 자원봉사자들이 주로 어려운 이웃을 찾아가 도왔는데, 최근에는 사회 문제를 해결하거나 재능을 기부하는 등 다양하게 활동하고 있어요. 그럼 우리 주변에는 어떤 자원봉사자들이 있는지 함께 둘러볼까요?

〈우리 주변의 자원봉사자들〉

어린이 교통안전 자원봉사자
학교 주변 건널목에서 깃발을 든 사람들을 본 적이 있지요? 그분들은 어린이들이 건널목을 안전하게 건널 수 있도록 돕는 어린이 교통안전 자원봉사자예요.

무료 급식 자원봉사자
주민 센터 등에서는 어려운 사람들에게 밥을 주는 무료 급식을 해요. 그 음식들을 나누어 주는 사람들은 대부분 무료 급식 자원봉사자들이에요.

올림픽 경기 자원봉사자
올림픽 경기처럼 큰 행사에도 자원봉사자가 필요해요. 큰 행사에는 건물을 안내하는 자원봉사자, 외국어로 안내해 주는 자원봉사자 등이 있어요.

재능 기부자
'재능 기부'는 재능을 이웃과 나누는 일이에요. 미용사가 몸이 불편한 사람을 찾아가 머리를 손질해 주거나, 의사가 어려운 사람들을 무료로 진료해 주는 것이 모두 재능 기부예요.

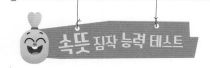
1 다음 수수께끼를 읽고, 내가 누구인지 찾아 ○ 하세요.

내 안에는 물건이 가득 있어요.
나는 지폐나 동전을 먹지요.
나를 꾹 누르면, 나는 물건을 꺼내 주어요.
사람 없이 물건을 파는, 나는 누구일까요?

자동문   자동판매기   자원봉사

2 ㉮~㉱의 빈칸에 들어갈 글자를 보기에서 찾아 써 보세요.

(㉮)유롭게 스스로를 소개해 볼까?

저는 노래로 자(㉯)소개를 할게요!

자(㉱)감이 대단하다!

보기
여 자 유
신 만 기

㉮   ㉯   ㉱

3 속뜻 짐작 설명하는 낱말을 초성 힌트를 참고해 써 보세요.

자연을 아끼고 지키라는 뜻 같은데……

푸른 산, 맑은 물을 지키는 것을 말해요.

자 ㅇ ㅂ 호

자동차는 다른 곳에 갈 때 이용하는 탈것 가운데 하나예요.
자동차를 비롯해 여러 가지 탈것들을 영어로 알아보아요.

train

train은 '기차'예요. 기차와 비슷하지만 도시의 지하로 다니는 '지하철'은 subway라고 해요.

airplane

airplane은 '비행기'예요. 우리가 비행기를 타는 곳인 '공항'은 airport라고 해요.

car는 '자동차'예요. 자동차를 부르는 말은 car 말고도 automobile, vehicle 등 다양해요.

ship

ship은 '배'예요. 배 가운데 사람을 태워 강이나 바다를 구경시켜 주려고 만든 배를 '유람선'이라고 하지요? '유람선'은 cruise ship이라고 해요.

2주 3일
학습 끝!

붙임 딱지 붙여요.

QR 찍고 발음 듣기

년(年)이 들어간 낱말 찾기

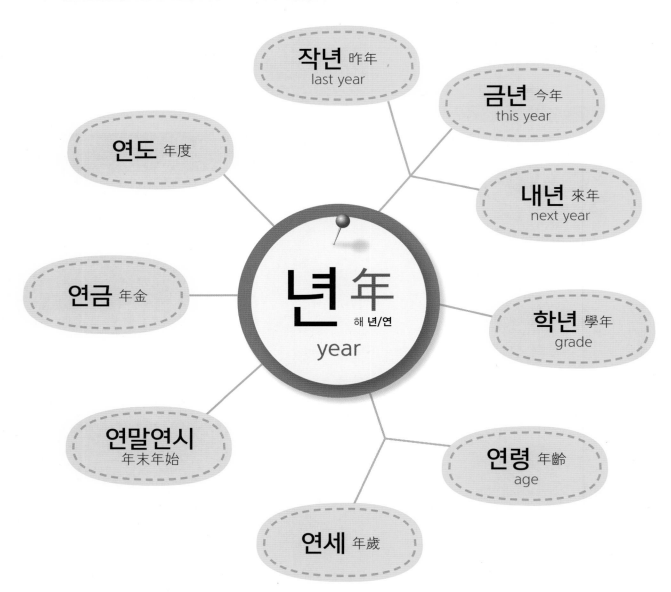

1 달력 장수가 미로에 갇혔어요. 낱말을 바르게 설명한 방을 지나야 미로를 빠져나갈 수 있지요. 달력 장수가 무사히 밖으로 나갈 수 있게 설명이 맞는 방만 골라 ◯ 하세요.

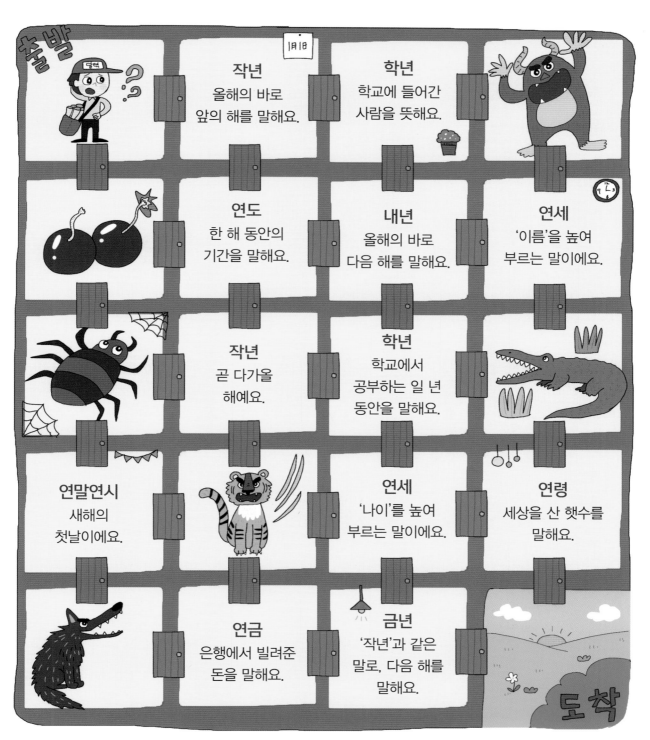

63

연 도
年(해 년/연) 度(법도 도)

1월부터 12월까지를 '한 해' 또는 '일 년'이라고 해요. **연도**는 2019년, 2022년처럼 한 해 동안의 기간을 말하지요. 여러분은 어느 연도에 태어났나요?

작년/내년
昨(어제 작) 年(해 년/연)
來(올 래/내)

작년은 올해 바로 앞(어제 작, 作)의 해인 지난해를 말해요. '금년'은 지금(이제 금, 今) 보내고 있는 올해를 말하고, **내년**은 곧 다가올(올 래/내, 來) 다음 해(해 년/연, 年)를 말해요.

학 년
學(배울 학) 年(해 년/연)

학년은 학교에서 공부하는 일 년 동안을 말해요. 처음 학교에 들어간 일 년 동안은 1학년이고, 그다음 일 년은 2학년……, 이렇게 6학년까지 마쳐야 초등학교를 졸업할 수 있어요.

연령/연세
年(해 년/연) 齡(나이 령)
歲(해 세)

연령은 살아온 햇수로, '나이'와 같은 말이에요. **연세**는 연령, 즉 나이를 높여서 부르는 말이지요. 어른께 나이를 여쭐 때는 '연세가 어떻게 되세요?'라고 해요.

연말연시
年(해 년/연) 末(끝 말)
始(처음 시)

'연말'은 한 해의 마지막(끝 말, 末)을, '연시'는 한 해의 시작(처음 시, 始)을 말해요. 따라서 **연말연시**는 한 해의 마지막과 새해가 맞닿는 12월~1월 즈음이지요.

연 금
年(해 년/연) 金(쇠 금)

연금은 나라나 회사 등이 정해 놓은 기간 동안 해마다 사람들에게 주는 돈(쇠 금, 金)이에요. 국민연금, 퇴직 연금, 개인연금 등 다양한 연금이 있어요.

어른에게 쓰는 높임말

우리말에는 어른에게 쓰는 높임말이 따로 있어요. 높임말은 존댓말이라고도 해요. 친구들 사이에서는 '나'라고 말하지만 어른께는 '저'라고 말하고, 아이들에게는 '나이가 몇이야?'라고 묻지만, 어른께는 '연세가 어떻게 되세요?'라고 묻지요. 그럼 높임말은 어떻게 쓰는지 알아볼까요?

〈높임말을 사용하는 방법〉

문장을 '~습니다' 혹은 '~어요' 등으로 끝내요.	엄마, 밥 줘! ✕	엄마, 밥 주세요! ○
어른을 가리킬 때에는 '께'나 '께서'를 붙여요.	할머니가 갔어요. ✕	할머니께서 가셨어요. ○
행동을 나타낼 때에는 '시' 자를 붙여요.	선생님이 오네요. ✕	선생님께서 오시네요. ○

높이는 낱말을 사용해요.

생일→생신 할머니, **생일** 축하드려요. → 할머니, **생신** 축하드려요.

밥→진지 할아버지, **밥** 드세요. → 할아버지, **진지** 드세요.

말→말씀 할머니가 **말**했어요. → 할머니께서 **말씀**하셨어요.

집→댁 선생님 **집**에 가요. → 선생님 **댁**에 가요.

이름→성함 선생님 **이름**이 궁금해요. → 선생님 **성함**이 궁금해요.

1 ( ) 안의 두 낱말 중 알맞은 낱말에 ○ 하세요.

할머니, 올해 (**연령** / **연세**)이/가 어떻게 되세요?

나는 일흔 살이야.
넌 (**작년** / **금년**)에 몇 학년이니?

저는 올해 1학년이고,
(**금년** / **내년**)에 2학년이 돼요.

2 아래 달력에서 '연도'가 적힌 칸은 노란색으로 칠하고, '연말'이 있는 달은 빨간색으로, '연시'가 있는 달은 초록색으로 칠해 보세요.

3 속뜻짐작 그림 속에 숨겨진 자음과 모음을 찾아서 빈칸에 알맞은 글자를 만들어 써 보세요.

풍족, 풍성처럼 풍성함을 뜻하는 낱말에는 '풍' 자가 들어가.

금년에는 사과가 풍성하게 열린

사과 ☐ **년** 이에요.

66

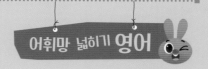

달력은 영어로 calendar라고 해요.
영어로 만든 달력을 볼 때 필요한 단어들을 배워 볼까요?

month

'한 달'은 month예요. '지난달'은 last month, '이번 달'은 this month, '다음 달'은 next month라고 해요.

year

'일 년'은 year예요. '작년'은 last year, '올해'는 this year, '내년'은 next year 라고 해요.

day

'하루, 일일'은 day라고 해요. '오늘'을 뜻하는 today를 기준으로 '어제'는 yesterday, '내 일'은 tomorrow라고 해요.

week

'한 주'는 week라고 해요. 한 주 가 운데 '평일'은 weekday, '주말'은 weekend라고 해요.

2주 4일
학습 끝!

붙임 딱지 붙여요.

QR 찍고 발음 듣기

실(室)이 들어간 낱말 찾기

'실(室)' 자에는 실외, 실내처럼 '집'이라는 뜻도 있고, 교실, 화장실처럼 '방'이라는 뜻도 있어요.

1 아이가 미용실에 가려고 해요. 집이나 방을 뜻하는 낱말을 따라가면 쉽게 길을 찾을 수 있지요. 아이가 미용실에 도착할 수 있게 도와주세요.

실내/실외
室(집 실) 內(안 내)
外(바깥 외)

실내는 집이나 건물의 안(안 내, 內)을 말해요. 건물 안에서 신는 신발은 '실내화'라고 하고, 건물 안에 있는 수영장은 '실내 수영장'이라고 하지요. 반대로 **실외**는 집이나 건물의 바깥(바깥 외, 外)을 말해요.

미용실
美(아름다울 미)
容(얼굴 용) 室(집 실)

미용실은 머리 모양이나 얼굴(얼굴 용, 容)을 아름답게(아름다울 미, 美) 만들어 주는 곳(집 실, 室)이에요. 미용실은 '미장원'이라고도 불러요.

실온
室(집 실) 溫(따뜻할 온)

실온은 방 안의 온도를 뜻해요. 물건에 '실온에 보관하세요.'라고 써 있으면, 냉장고 등에 넣지 않고 실내에 보관하라는 뜻이에요.

교실
敎(가르칠 교) 室(집 실)

교실은 선생님이 학생들을 가르치는(가르칠 교, 敎) 방(집 실, 室)이에요. 학교에는 책을 보는 '도서실', 밥을 먹는 '급식실', 과학 실험을 하는 '과학실', 아플 때 가는 '보건실' 등 여러 방이 있어요.

화장실/거실
化(될/변화할 화) 粧(단장할 장)
室(집 실) 居(살 거)

화장실은 대변이나 소변 등을 누는 방이고, **거실**은 가족들이 함께 머물거나 손님을 맞는 방이에요. 또 집 안에는 목욕(목욕할 욕, 浴)을 하는 '욕실'도 있어요.

사무실
事(일 사) 務(힘쓸 무) 室(집 실)

사무실은 자신이 맡은 일을 하는 방이에요. 사무실과 비슷한말로는 '일터', '사무소', '집무실' 등이 있어요.

다양한 교실들

학교 안에는 학생들이 주로 머무는 교실 외에도 도서실, 보건실, 급식실, 과학실 등 여러 방들이 있어요. 학교 안에 있는 특별한 교실들은 어떻게 이용해야 하는지 알아보고, 그림에서 잘못된 행동을 하는 친구를 찾아 ✕ 표를 하세요.

도서실

도서실은 책을 보는 곳이에요. 도서실에서는 다른 친구에게 방해가 되지 않도록 조용히 해야 하고, 뛰거나 음식을 먹지 말아야 해요.

과학실

과학실은 과학 실험이나 관찰을 하는 곳이에요. 과학실에는 깨지거나 위험한 것들이 많아서 실험이나 관찰 중에는 함부로 장난치면 안 돼요.

급식실

급식실은 식사를 하는 곳이에요. 급식을 받을 때는 줄을 서서 차례차례 받아야 하고, 식판은 두 손으로 들고 천천히 옮겨야 해요.

보건실

보건실은 아프거나 다친 데를 치료하는 곳이에요. 보건실에는 아픈 친구들이 있기 때문에 조용히 해야 하고 깨끗하게 써야 해요.

1 다음은 어디에 있는 물건들일까요? 알맞은 장소를 찾아 선으로 이어 보세요.

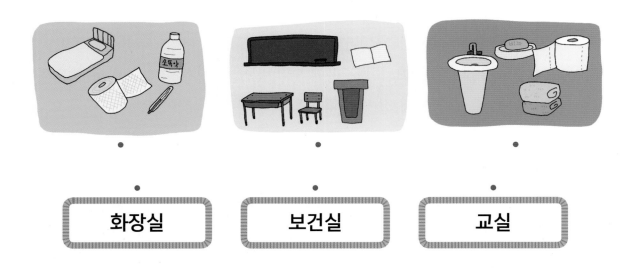

화장실   보건실   교실

2 강아지 붙임 딱지는 '실외'에, 고양이 붙임 딱지는 '실내'에 붙여 보세요.

붙이는 곳

붙이는 곳

3 속뜻 짐작 그림에 어울리는 낱말을 골라 ○ 하세요.

거실

침실

화장실

미용실

욕실

병실

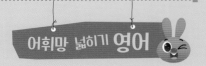

집 안에는 거실이나 욕실 외에도 여러 방들이 있어요.
집 안의 방들은 영어로 어떻게 부르는지 알아볼까요?

bedroom

bedroom은 잠을 자는 '침실'이에요. '침대'를 뜻하는 bed와 '방'을 뜻하는 room을 합해 만들어졌지요.

living room

living room은 '거실'이에요. 거실에 있는 긴 의자인 '소파'는 영어로도 sofa예요.

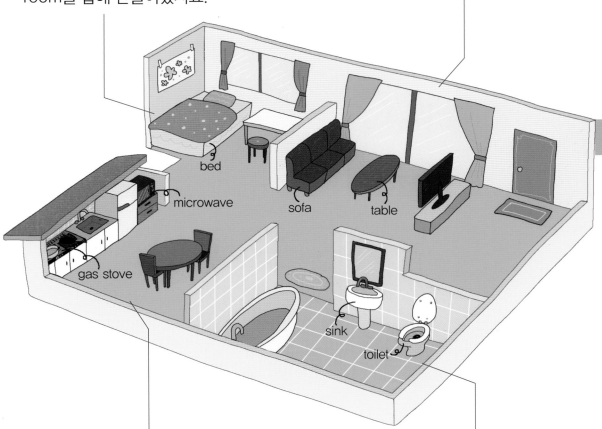

bed
microwave
sofa
table
gas stove
sink
toilet

2주 5일
학습 끝!

붙임 딱지 붙여요.

kitchen

kitchen은 '부엌'이에요. '아빠는 부엌에 계세요.'를 영어로 말하고 싶으면 'Daddy is in the kitchen.'이라고 해요.

bathroom

bathroom은 '욕실'이에요. '욕조'를 뜻하는 bath와 '방'을 뜻하는 room을 합해 만들어졌답니다.

QR 찍고 발음 듣기

첫째로 잘한 사람 '장원'

옛날 중국에서 시작된 시험인 '과거'는 나라의 큰 행사였어요.

내일이 과거 보는 날인데 잠이 와? 어이구, 속 터져!

드르렁 드르렁

과거는 관리를 뽑기 위한 시험이었거든요.

올해에도 훌륭한 인재를 뽑아야 할 텐데……

과거가 끝나면 합격한 사람의 이름을 정리해 적었어요. 이것을 '주장'이라고 해요.

주장

슥— 슥—

폐하, 주장이옵니다.

그래? 어디 한번 볼까?

장원(씩씩할 장 壯, 으뜸 원 元): 시험이나 경기 등에서
가장 높은 성적을 거둔 사람을 말해요.

이때 주장에 첫 번째로 적혀 있는 사람을
'주장의 으뜸'이란 뜻에서
'장원'이라고 했어요.

올해의
장원은
왕개똥.

이후, 우리나라에서도 과거에서 가장 높은
성적을 거둔 사람을 '장원'이라고 불렀어요.

네가 장원 급제를
하니 좋긴 한데,
나라는 괜찮을까?

아이,
엄마!

시간이 흐르면서 점차 과거뿐 아니라
경기나 놀이 등에서도

으라
차차!

?!!

가장 우수한 사람을 '장원'이라고 부르기
시작했지요.

아이고~
춘향아~♪

어린이 명창 대회

쟤가 공부는
꼴찌여도 판소리는
장원이여!

그래서 요즘에는 '장원'이라는 말을 '으뜸'이라는 뜻으로 쓴답니다.

오늘의 장원은
최장원 학생!

헐! 이름도
장원이야!

나는 이름이
이인자라서 매번
이 등인가?

장원

토닥이와 함께
파이팅!

PART 2

PART2에서는 상대어나 주제를 중심으로
관련이 있는 낱말들을 연결해서 배워요.

남(男)과 여(女) 비교하기

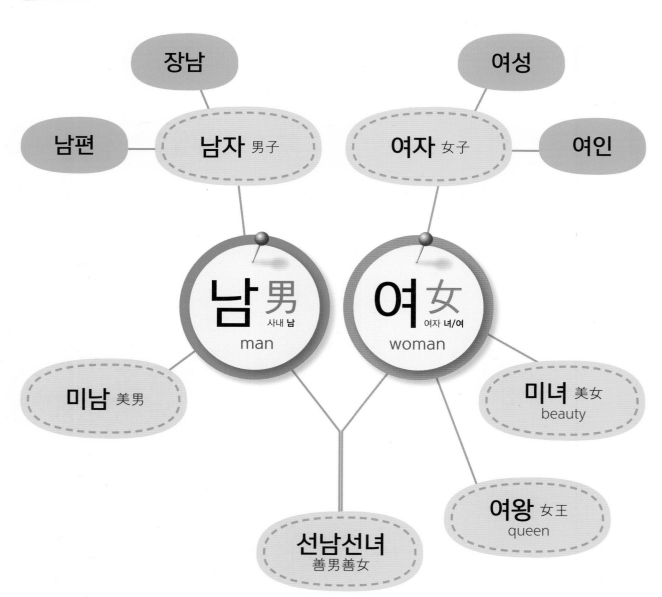

장남

여성

남편

남자 男子

여자 女子

여인

남 男
사내 남
man

여 女
여자 녀/여
woman

미남 美男

미녀 美女
beauty

여왕 女王
queen

선남선녀
善男善女

1 카드 아래에 적힌 설명에 따라 그림을 색칠해 보세요.

남자와 여자

여자를 예쁘게 색칠해요.

미남과 미녀

미남을 근사하게 색칠해요.

형제

장남을 귀엽게 색칠해요.

왕과 여왕

여왕을 우아하게 색칠해요.

2 낱말이 남자와 관련이 있으면 '남' 자에, 여자와 관련이 있으면 '여' 자에 선으로 이어 보세요.

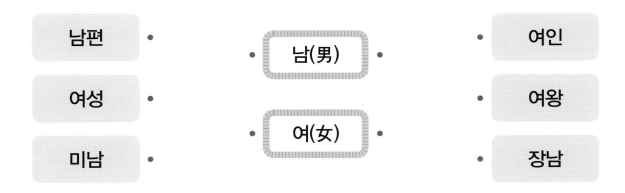

남편 · · 남(男) · · 여인

여성 · · 여왕

미남 · · 여(女) · · 장남

남자 vs 여자
男(사내 남) 子(아들 자)
女(여자 녀/여)

남자는 고유어인 '사나이' 또는 '사내'와 같은 말이에요. 남자 중에서 집안의 맏아들은 '장남'이라고 하고, 결혼해서 아내를 맞은 남자는 '남편'이라고 해요. 여자는 남자의 상대어로, '여성' 또는 '여인'과 비슷한말이에요. 하지만 여성과 여인은 좀 더 어른이 된 여자를 일컬어요.

미남 vs 미녀
美(아름다울 미) 男(사내 남)
女(여자 녀/여)

미남은 잘생긴(아름다울 미, 美) 남자(사내 남, 男)를 말하고, 미녀는 아름다운(아름다울 미, 美) 여자(여자 녀/여, 女)를 말해요. 미남, 미녀와 달리 못생긴 남자와 여자는 '추할 추(醜)' 자를 넣어 '추남', '추녀'라고 한답니다.

선남선녀

선남선녀
善(착할 선) 男(사내 남)
女(여자 녀/여)

선남선녀는 착하고 멋진 남자와 여자를 말해요. '선(善)' 자에는 착하다는 뜻 외에 훌륭하다는 뜻도 있거든요. 평범한 남자와 여자는 '필부필부' 또는 '갑남을녀'라고 해요.

여왕
女(여자 녀/여) 王(임금 왕)

여왕은 여자 임금(임금 왕, 王)이에요. 역사 속에서 유명한 여왕은 영국의 엘리자베스 1세와 신라의 선덕 여왕이 있지요. 어떤 분야에서 중심이 되거나 매우 뛰어난 것을 가리킬 때에도 '계절의 여왕, 오월'처럼 '여왕'을 붙여요.

선덕 여왕

우리 역사 속 여왕들

먼 옛날, 우리 땅에 세워진 신라라는 나라에는 세 명의 여왕이 있었어요. 바로 선덕 여왕과 진덕 여왕, 그리고 진성 여왕이지요. 우리 역사 속에 등장했던 세 여왕을 만나 볼까요?

선덕 여왕

신라의 스물일곱 번째 임금이자, 우리 민족 최초의 여왕이에요. 선덕 여왕은 백성들의 생활을 두루 살피고, 신라를 더욱 강한 나라로 만들었어요. 그리고 황룡사 9층 목탑과 경주 첨성대 등 뛰어난 문화재도 많이 만들었어요.

진덕 여왕

신라의 스물여덟 번째 임금이에요. 당시 우리나라는 고구려, 신라, 백제로 나누어져 있었어요. 진덕 여왕은 나라의 힘을 키우는 한편, 김춘추, 김유신과 함께 우리 땅을 통일하려고 노력했어요.

진성 여왕

신라의 쉰한 번째 임금이자, 우리 민족의 마지막 여왕이에요. 당시에 신라는 귀족들이 서로 으르렁거리며 싸워서 늘 혼란스러웠어요. 진성 여왕은 이 문제를 해결하려고 노력했지만 실패하여, 스스로 왕의 자리에서 물러났어요.

1 빈칸에 들어갈 낱말이 순서대로 짝지어진 것을 골라 보세요. (   )

경주 첨성대는 신라 선덕 (㉮) 때 만들어졌어.

선덕 여왕은 아름다운 (㉯) 였/이었을 것 같아.

선덕 여왕은 결혼해서 (㉰)이/가 있었어.

① ㉮ 여왕, ㉯ 미남, ㉰ 장남   ② ㉮ 여왕, ㉯ 미녀, ㉰ 남편

③ ㉮ 여인, ㉯ 미녀, ㉰ 남편   ④ ㉮ 여왕, ㉯ 장남, ㉰ 미남

2 '선남선녀'에 대해 바르게 설명한 것을 모두 찾아 ○ 하세요.

하늘나라에 사는
남자와 여자를 말해요.

착한 남자와
착한 여자를 말해요.

멋진 남자와
멋진 여자를 말해요.

3 속뜻짐작 딸들 중 맏이가 되는 딸은 뭐라고 부를까요? 장남과 관련된 낱말들을 참고해서 빈칸을 채워 보세요.

장	남	=	큰	아	들	=	맏	아	들
	녀	=	큰			=			딸

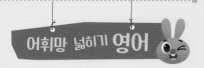

사람은 성별에 따라 남자나 여자 혹은 소년, 소녀라고 해요.
영어로는 성별에 따라 어떻게 구별하여 부르는지 알아볼까요?

man

man은 '어른 남자'를 가리켜요. '나이 든 남자'는 old man, '젊은 남자'는 young man이지요. man은 남자, 여자에 상관없이 '사람'을 뜻하기도 해요.

woman

woman은 '어른 여자'를 가리켜요. 남자를 뜻하는 man과 구별해 쓰는 말이지요. woman은 man과 달리, 사람이나 인류를 뜻하는 말로는 쓰지 않아요.

3주 1일
학습 끝!

붙임 딱지 붙여요.

boy

boy는 '남자아이, 소년'을 가리켜요. '아들'을 뜻하기도 하고, 가끔은 감탄하는 말로 쓰기도 하지요. 'I have two boys.'라고 하면 '나는 두 아들이 있어요.'라는 뜻이고, 'Oh, boy!'라고 하면 '맙소사!' 또는 '아, 이거!'라는 뜻이에요.

girl

girl은 보통 '여자아이, 소녀'를 가리켜요. '딸'을 뜻하기도 하고요. 여자가 자신의 여자 친구들을 부를 때도 써요. 'Good morning, girls!'라고 하면 '안녕, 친구들!'이라는 뜻이에요.

QR 찍고 발음 듣기

노(老)와 소(少) 비교하기

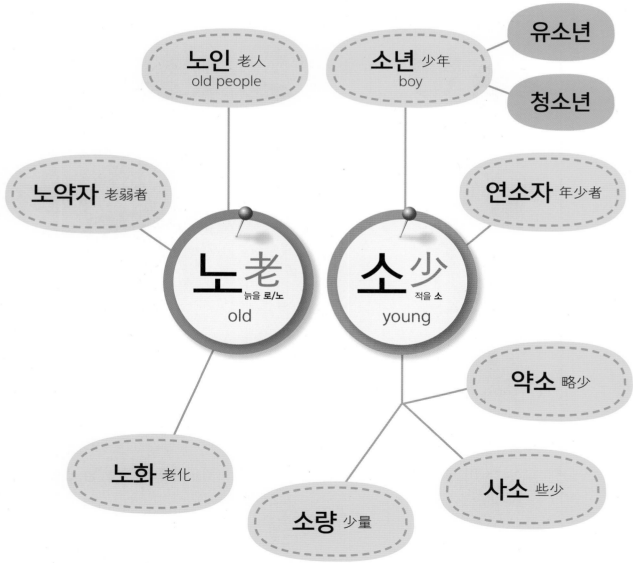

노인 老人
old people

소년 少年
boy

유소년

청소년

노약자 老弱者

연소자 年少者

노 老
늘을 로/노
old

소 少
적을 소
young

약소 略少

노화 老化

소량 少量

사소 些少

1 ( ) 안에 알맞은 낱말을 붙임 딱지에서 찾아 붙여 보세요.

나이가 들어 늙은
사람을 말해요.

붙이는 곳

나이가 어린
사내아이를 말해요.

붙이는 곳

늙거나 약한
사람을 말해요.

붙이는 곳

나이가 어린
사람을 말해요.

붙이는 곳

시간이 지나 점점
늙는 것을 말해요.

붙이는 곳

적은 양을 말해요.

붙이는 곳

85

노인 vs 소년
老(늙을 로/노) 人(사람 인)
少(적을 소) 年(해 년/연)

노인은 나이가 많이 들어 늙은(늙을 로/노, 老) 사람(사람 인, 人)이에요. 반대로 나이가 적은(적을 소, 少) 남자아이는 소년, 여자아이는 '소녀'라고 해요. '유소년'은 어린아이와 소년을 이르는 말이고, '청소년'은 청년과 소년을 함께 일컫는 말이에요.

노약자
老(늙을 로/노) 弱(약할 약)
者(사람 자)

노약자는 노인이나 몸이 약한(약할 약, 弱) 사람(사람 자, 者)을 뜻해요. 버스나 지하철에 있는 '노약자 보호석'은 이런 노약자를 위해 마련된 자리예요.

노화
老(늙을 로/노) 化(될/변화할 화)

노화는 사람이나 동물 등이 늙어 가면서 생기는 변화예요. 얼굴에 주름이 생기고 머리카락이 하얗게 되며, 눈이 침침해지는 것 모두 노화 가운데 하나예요.

연소자
年(해 년/연) 少(적을 소)
者(사람 자)

연소자는 보통 만 열여덟 살까지의 나이가 어린 사람을 말해요. 우리나라에는 연소자를 보호하는 특별한 법이 있어서, 회사나 가게 등은 연소자에게 무리하게 일을 시킬 수 없어요. 연소자와 비슷하게 쓰이는 말로는 '미성년자'가 있어요.

약소/사소
略(간략할 략/약) 少(적을 소)
쁘(적을 사)

약소와 사소는 모두 적은 양(적을 소, 少)인 '소량'을 뜻하지만 조금 다르게 써요. '약소하다'는 제대로 갖추지 않았다는 뜻을 더해 '약소하지만~'이라고 낮출 때 써요. 반면 '사소하다'는 별로 중요하지 않다는 뜻을 더해 '사소한 실수'처럼 써요.

노약자 보호

노약자나 장애인은 몸이 약하고 불편해서 버스나 지하철을 탈 때 많이 힘들어요. 그래서 버스나 지하철에는 노약자와 장애인을 위한 여러 시설이 마련되어 있지요. 어떤 시설들이 있는지 살펴보아요.

〈노약자와 장애인을 위한 시설들〉

장애인, 노약자, 임산부 보호석

지하철 안에는 '장애인, 노약자, 임산부 보호석'이 있어요. 이 자리는 장애인이나 노약자, 임산부들을 위해 만든 자리예요. 임산부는 배 속에 아이를 가졌거나 아이를 낳은 지 얼마 안 된 여자예요.

휠체어 리프트

장애인이나 노약자 중에는 휠체어를 타고 다니는 사람들이 있어요. 지하철역과 버스에는 이들이 휠체어를 탄 채 계단 등을 오르내릴 수 있도록 휠체어 리프트가 마련되어 있어요.

점자 블록

지하철역이나 거리의 보도블록에는 점들이 올록볼록하게 튀어나온 점자 블록이 있어요. 점자 블록은 눈이 보이지 않는 사람들이 발이나 지팡이를 이용해 위치와 방향을 알 수 있게 만든 것이에요.

1 다음 중 서로 상대되는 낱말끼리 짝지어진 것을 찾아 색칠해 보세요.

연소자-노약자   유소년-청소년   노인-노화   노인-소년

2 요리사가 하는 말을 잘 읽고, 밑줄 친 낱말과 바꾸어 쓸 수 있는 낱말을 골라 ○ 하세요.

이제 소금을 <u>조금</u> 넣으면 되겠군.

손님들이 **작은** 말다툼을 벌이고 있어요.

약소하게   소량   약소한   사소한

3 속뜻짐작 그림과 설명이 뜻하는 낱말을 따라 써 보세요.

나는 남자!   나는 여자!   나는 노인!   나는 소년!

남자와 여자, 노인과 젊고 어린 사람을 통틀어 일컫는 말이에요.

| 남 | 녀 | 노 | 소 |

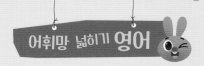

우리는 아기, 어린이, 젊은이, 노인처럼 나이에 따라 사람을 다르게 불러요.
영어도 그럴까요? 함께 알아보아요.

baby

baby는 '아기'를 뜻해요. '동물의 새끼'도 baby라고 하지요. '남자 아기'는 baby boy라고 하고, '여자 아기'는 baby girl이라고 해요.

child

child는 '아이' 또는 '어린이'를 뜻해요. '세 살짜리 아이'는 child of three라고 하지요. '아이들'은 children이라고 해요.

senior

senior는 '나이 많은 노인'이라는 뜻으로 많이 쓰여요. 학교에서는 '상급생'을 뜻하기도 해요.

3주 2일
학습 끝!

붙임 딱지 붙여요.

teenager

teenager는 열세 살 정도부터 열아홉 살까지의 사람, 즉 '십 대'를 말해요.

adult

adult는 '어른'이에요. '성인'이라고 부르기도 하지요.

QR 찍고 발음 듣기

형(兄)제(弟)자(姊)매(妹)가 들어간 말 비교하기

13 3주
공부한 날짜
☐ 월 ☐ 일

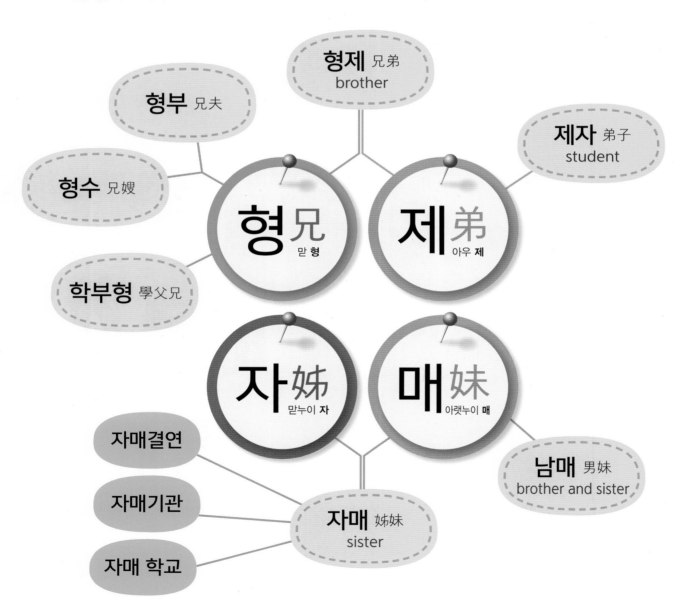

1 오누이가 공원에서 길을 잃었어요. 빈칸에 알맞은 글자를 써넣으면서 오누이
와 함께 부모님을 만나러 가 보세요.

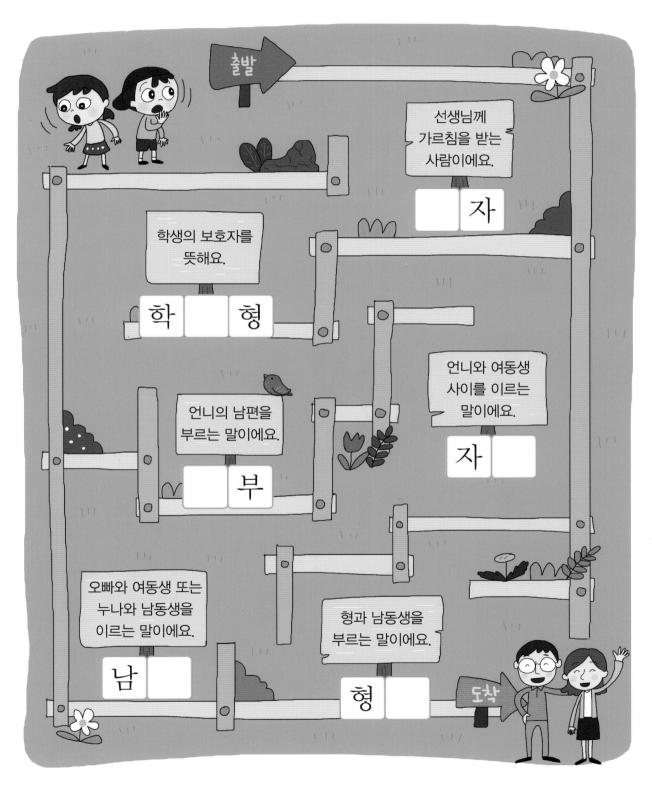

익숙한 말 살피기

형제 vs 자매
兄(맏 형) 弟(아우 제)
姊(맏누이 자) 妹(아랫누이 매)

형제는 형(맏 형, 兄)과 아우(아우 제, 弟)를 뜻해요. 반면 **자매**는 언니(맏누이 자, 姊)와 여동생(아랫누이 매, 妹)을 뜻하지요. 서로 가깝거나 친한 관계도 '자매'라고 하고요. 그래서 '자매결연'이나 '자매기관', '자매 학교' 등은 두 단체가 서로 돕고 가깝게 지내기로 약속하는 것을 말해요.

형수 / 형부
兄(맏 형) 嫂(형수 수)
夫(남편 부)

형수는 형의 아내이고, **형부**는 언니의 남편이에요. 누나(아랫누이 매, 妹)의 남편은 '매형', 여동생의 남편은 '매제'라고 해요. 또 아내의 언니는 '처형', 아내의 여동생은 '처제'라고 부르지요. '처형'과 '처제'는 남편의 형제를 '아가씨'나 '도련님'으로 높여 부르는 것 때문에 차별적인 호칭이라고 비판받고 있어요.

학부형
學(배울 학) 父(아버지 부)
兄(맏 형)

학부형은 학생의 보호자예요. 옛날에는 아버지나 형이 학생의 보호자 역할을 해서 학부형이라는 말을 썼지만, 오늘날에는 학부형 대신 학부모라는 말을 더 많이 써요.

제 자
弟(아우 제) 子(아들 자)

제자는 스승에게 가르침을 받거나 받은 사람이에요. 여러 제자 가운데 으뜸이 되는 사람은 '머리 수(首)' 자를 붙여서 '수제자'라고 불러요.

남 매
男(사내 남) 妹(아랫누이 매)

남매는 오빠와 여동생 또는 누나와 남동생을 뜻해요. '오누이'와 같은 말이지요. 또한 친남매는 아니지만 친남매처럼 가깝게 지내기로 약속한 사이를 '의남매'라고 해요. 의리(옳을 의, 義)로 맺은 남매라는 뜻이에요.

형제자매의 우애

형제자매끼리는 다툴 때도 있지만, 서로 많이 아끼기도 해요. 이렇게 형제자매 사이에 나누는 정을 '우애'라고 하지요. 전래 동화에는 형제자매 간의 우애를 다루는 이야기가 많아요. 그중 〈해와 달이 된 오누이〉와 〈장화홍련전〉을 살펴볼까요?

〈해와 달이 된 오누이〉

먼 옛날, 일하러 간 엄마를 기다리는 오누이에게 호랑이가 찾아와 엄마인 척하며 문을 열라고 했어요. 호랑이인 것을 눈치챈 오누이는 뒷문으로 빠져나가 나무 위로 올라갔지요. 그러고는 하늘을 향해 빌었어요. 그러자 하늘에서 동아줄이 내려왔어요. 오누이는 동아줄을 타고 하늘로 올라갔지요. 호랑이도 오누이처럼 빌자 동아줄이 내려왔어요. 하지만 그 동아줄은 썩은 줄이어서 호랑이는 위로 올라가다가 뚝 떨어졌어요. 하늘로 올라간 오누이는 해와 달이 되었답니다.

〈장화홍련전〉

장화와 홍련은 일찍이 어머니를 여의고, 새어머니 밑에서 살았어요. 장화가 결혼을 하게 되자, 새어머니는 결혼시키는 돈이 아까워서 장화에게 누명을 씌워 죽게 했어요. 이 일을 안 홍련은 언니를 그리워하다가 스스로 목숨을 끊었지요. 장화와 홍련은 자신들의 억울한 죽음을 알리고자 귀신이 되어 고을 원님들을 찾아갔어요. 하지만 원님들은 자매의 모습에 놀라 죽거나 도망쳤지요. 그러다가 고을에 용감한 원님이 왔어요. 새 원님은 장화와 홍련의 이야기를 듣고, 새어머니를 벌주고 자매의 시체를 찾아내 좋은 곳에 묻어 주었답니다.

93

1 친구들이 자신의 형제자매를 소개하고 있어요. 초성 힌트를 참고하여 빈칸에 알맞은 낱말을 써 보세요.

2 다음 중 가족 관계를 가리키는 낱말이 아닌 것을 찾아 X 하세요.

형제	제자	형부	형수	남매

3 두 친구의 대화와 설명을 읽고, 빈칸에 알맞은 낱말을 써 보세요.

① 친자매는 아니지만,

　 친자매처럼 지내기로 한 사이를 　　　　　 라고 해요.

② 친남매는 아니지만,

　 친남매처럼 지내기로 한 사이를 　　　　　 라고 해요.

영어에도 형제, 자매, 남매처럼 가족을 구별해서 부르는 말이 있을까요?
함께 살펴보아요.

brother, sister, siblings

brother는 '형제'를 말해요. '형'이나 '오빠'는 older brother, '남동생'은 younger brother라고 해요. 이와 달리 '자매'는 sister라고 해요. '언니'나 '누나'는 older sister, '여동생'은 younger sister라고 하지요. brother와 sister를 통틀어 일컫는 '형제자매'는 siblings예요.

brother

sister

3주 3일
학습 끝!

붙임 딱지 붙여요.

cousin

'사촌'은 cousin이라고 해요. 이모나 고모, 삼촌의 자녀를 말해요.

nephew, niece

이모나 고모, 삼촌에게 나는 어떤 사람일까요? 맞아요. 조카예요. '남자 조카'는 nephew, '여자 조카'는 niece라고 해요.

QR 찍고 발음 듣기

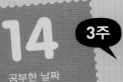

주택(住宅) 관련 말 찾기

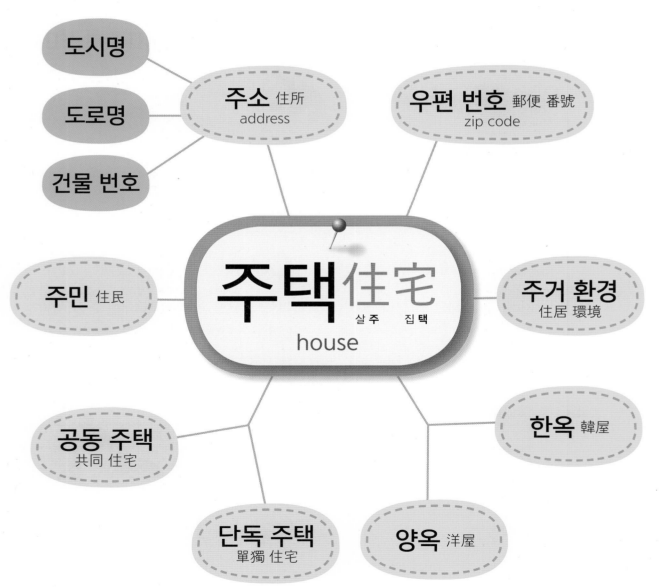

도시명

도로명

건물 번호

주소 住所 address

우편 번호 郵便 番號 zip code

주민 住民

주택住宅
살 주   집 택
house

주거 환경 住居 環境

한옥 韓屋

공동 주택 共同 住宅

양옥 洋屋

단독 주택 單獨 住宅

1 친구들의 이야기를 읽고, 설명에 맞는 집에 각각 친구 얼굴 붙임 딱지를 붙여 보세요.

우리 집 주소는 서울특별시 정말구 행복로 17이에요.

우리 집은 빨간 지붕의 단독 주택 이에요.

우리 집은 한옥이에요.

우리 집은 2층 양옥이에요.

우리 집은 벽면이 파란 공동 주택 이에요.

주택은 '살 주(住)' 자와 '집 택(宅)' 자를 합친 말로, 사람이 사는 집을 말해요. 주택과 관련된 낱말 중에는 '살 주(住)' 자가 들어간 것들이 많지요. 주민과 주소, 주거 환경 등, 주택과 관련된 낱말들을 알아보아요.

주소
住(살 주) 所(바 소)

주소는 사람이 사는 곳이나 건물의 위치예요. 주소를 알면 찾아가기도 쉽고 우편물도 보낼 수 있지요. 우리나라는 '도로명 주소'를 사용해요. 도로명 주소는 도로마다 이름(이름 명, 名)을 붙여서 주소로 쓰는데, 시나 도, 구, 도로명, 건물 번호 등으로 이루어져요. 예를 들어, '서울특별시 종로구 행복로 17'이라는 주소에서 '서울특별시 종로구'는 시와 구 이름을, '행복로'는 도로명을, '17'은 건물 번호를 나타내요. 아파트같이 여럿이 사용하는 주소에는 몇 동, 몇 호인지도 들어가요.

우편 번호
郵(우편 우) 便(편할 편)
番(차례 번) 號(이름 호)

우편물을 보낼 때는 편지 봉투나 상자에 보내는 사람과 받는 사람의 주소와 이름, 그리고 우편 번호를 써요. 그런데 왜 우편 번호를 쓸까요? 우리가 우편물을 보내면, 우체국은 우편물을 같은 도시, 같은 마을 것끼리 모아요. 그래야 빠르게 전달할 수 있거든요. 그런데 주소를 일일이 읽어서 나눈다면 시간이 많이 걸리고 몹시 헷갈릴 거예요. 그래서 숫자만 보고도 어느 지역으로 보내야 하는지 알 수 있게 우편 번호를 만든 것이지요.

주거 환경
住(살 주) 居(살 거)
環(고리 환) 境(지경 경)

'주거'는 사람이 한곳에 머물러 사는(살 거, 居) 것으로, 우리가 사는 집과 집 주변, 마을 등을 통틀어서 주거 환경이라고 해요. 집 주변에 산이나 강 같은 자연이 있는지, 병원이나 학교, 상점 등 생활에 필요한 시설들이 있는지, 지하철, 도로, 버스 정류장 같은 교통 시설이 있는지 등이 모두 주거 환경에 속해요.

한옥/양옥
韓(나라 이름 한) 屋(집 옥)
洋(큰 바다 양)

한옥은 우리 민족 고유의 형식으로 지은 집(집 옥, 屋)이에요. 한옥에는 기와집, 초가집, 너와집 등 여러 종류가 있지요. 기와집은 지붕을 기와로 이은 집이고, 초가집은 지붕을 볏짚 등 풀(풀 초, 草)로 인 집이에요. 너와집은 작은 널판 등으로 지붕을 올린 집이지요. 반면 오늘날 많은 사람들이 사는 아파트나 빌라 같은 집은 양옥에 속해요. **양옥**은 서양식으로 만든 집이에요.

 ▲ 기와집  ▲ 초가집  ▲ 너와집  ▲ 양옥

단독 주택/공동 주택
單(홀 단) 獨(홀로 독) 住(살 주)
宅(집 택) 共(함께 공) 同(한가지 동)

단독 주택은 한 채(홀 단, 單)씩 따로(홀로 독, 獨) 지은 집이에요. 반면 **공동 주택**은 아파트나 연립 주택, 다세대 주택처럼 한 건물을 여럿이 함께(함께 공, 共) 쓰도록 지은 집이지요. 공동 주택은 여럿이 모여 살기 때문에 서로 피해를 주지 않도록 조심해야 해요. 특히 윗집이 소란스럽게 해서 아랫집이 피해를 입는 층간(층 층 層, 사이 간 間) 소음 문제는 서로 간에 조금씩 양보하고 배려하는 마음이 있어야 쉽게 해결할 수 있어요.

주민
住(살 주) 民(백성 민)

주민은 그 마을에 사는 사람(백성 민, 民)이에요. 부모님을 비롯해 같은 마을에 사는 모든 사람이 주민이지요. 아기가 태어나면 어디에 사는지 나라에 알리는 '주민 등록'을 해야 하고, 어른이 되면 '주민 등록증'을 만들어요. 주민으로 등록된 사람은 마을 주민을 위해 만든 '주민 센터'를 자유롭게 이용할 수 있어요. 주민 센터에서는 주민에게 필요한 여러 도움을 줘요.

1 친구들이 소개하는 글과 그림을 보고, 빈칸에 알맞은 낱말을 써 보세요.

우리 집은 ☐☐ 주택이에요.

집 한 채에 우리 가족만 살아요.

우리 집은 ☐☐ 주택이에요.

한 건물에 여섯 가족이 살아요.

2 편지 봉투를 보고, 편지를 보낼 때 필요 없는 것 두 가지를 찾아 X 하세요.

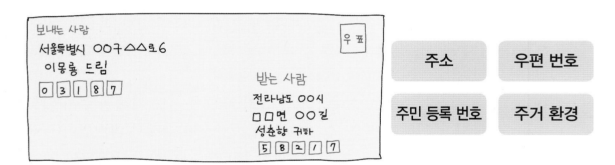

주소	우편 번호
주민 등록 번호	주거 환경

3 속뜻 짐작 밑줄 친 부분과 뜻이 같은 낱말은 무엇일까요? 보기의 낱자들을 연결해 만들어 보세요.

들어가는 것이라면 입구, 입장처럼 '입' 자가 들어갈까?

☐ ☐

보기 ㅂ ㅇ ㅜ ㅣ ㅈ

집은 영어로 house예요.
미국과 우리나라의 집은 어떤 차이가 있는지 알아볼까요?

미국의 집들	한국의 집들

apartment

미국은 '아파트'가 대도시 외에 그리 많지 않아요. 미국의 아파트는 여럿이 살 수 있게 시설이 잘 갖춰져 있지만, 그리 고급스러운 집으로 여겨지지는 않아요.

apartment

우리나라는 어디를 가나 '아파트'가 많아요. 매우 높기도 하고 여러 동이 모여 대단지를 이루지요. 아파트 주변에는 편의 시설이 많아서 살기에 편리해요.

3주 4일
학습 끝!

붙임 딱지 붙여요.

mansion, villa

미국의 mansion은 으리으리한 '저택'을 말해요. 커다란 문을 지나 좀 들어가야 건물에 이르지요. villa는 휴양지에 있는 수영장이 딸린 '호화로운 집'을 뜻해요.

row house, town house

우리가 '맨션'이나 '빌라'라고 부르는 집들은 영어로 row house, 또는 town house라고 해요. 줄지어 있어서 row house라고 하고, 여러 가구가 무리 지어 살아서 town house라고 불러요.

single family house

미국에서 흔하게 볼 수 있는 집은 single family house, 즉 '단독 주택'이에요.

single family house에는 대부분 차를 주차할 수 있는 차고(garage)가 있어요.

Korean traditional house

우리나라의 전통 집인 '한옥'은 Korean traditional house라고 해요. 지금은 많이 볼 수 없지만 단아하고 소박한 멋이 있어요.

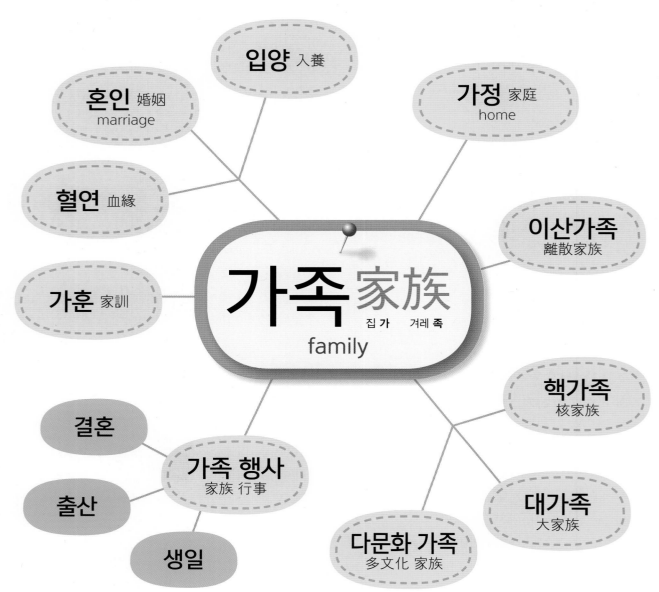

입양 入養

혼인 婚姻
marriage

가정 家庭
home

혈연 血緣

이산가족
離散家族

가훈 家訓

가족 家族
집 가   겨레 족
family

결혼

가족 행사
家族 行事

출산

핵가족
核家族

생일

다문화 가족
多文化 家族

대가족
大家族

1 설명을 읽고 이어진 길을 따라가서 빈칸에 알맞은 글자를 써 보세요.

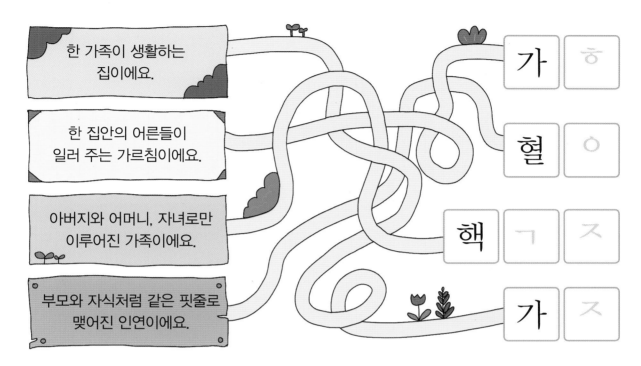

한 가족이 생활하는 집이에요.

한 집안의 어른들이 일러 주는 가르침이에요.

아버지와 어머니, 자녀로만 이루어진 가족이에요.

부모와 자식처럼 같은 핏줄로 맺어진 인연이에요.

가 ㅎ

혈 ㅇ

핵 ㄱ ㅈ

가 ㅈ

2 한 아이가 강을 사이에 두고 가족과 떨어졌어요. 이렇게 흩어져서 사는 가족을 뭐라고 부르는지 징검다리에서 찾아 선으로 묶어 보세요.

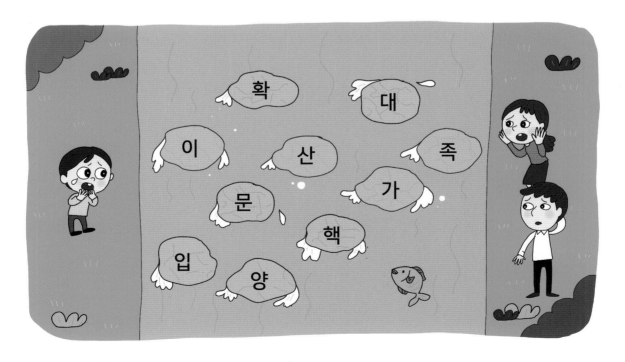

확 대
이 산 족
문 가
핵
입 양

우리에게는 부모님이나 형제자매가 있어요. 이렇게 부부를 중심으로 모여 사는 사람들을 '가족'이라고 하지요. 그런데 가족의 모습은 매우 다양해요. 가족과 관련된 낱말들을 살펴보면서, 가족에 대해 좀 더 생각해 볼까요?

혈연/혼인
血(피 혈) 緣(인연 연)
婚(혼인할 혼) 姻(혼인할 인)

혈연은 같은 핏줄(피 혈, 血)로 이어진(인연 연, 緣) 사람들이에요. 여러분을 낳아 주신 부모님과 그 피를 이어받은 형제자매가 혈연으로 이어진 사람들이지요. 아빠와 엄마는 같은 피를 이어받지는 않았지만, **혼인**, 즉 결혼을 해서 가족이 되었어요. 혈연과 혼인 말고도 가족을 이루는 방법이 있어요. 다른 사람이 낳은 아이를 자식으로 맞아들여(들 입, 入) 키우는(기를 양, 養) '입양'이에요. 입양을 하면 정해진 법에 따라 자식과 부모가 될 수 있지요. 입양으로 받아들인 아이를 '입양아'라고 해요.

가정
家(집 가) 庭(뜰 정)

가정은 가족이 함께 생활하는 집(뜰 정, 庭)이자, 함께 어울리는 집단을 말해요. 가정 중에는 부모가 한쪽만 있는 '한 부모 가정'도 있고, 할아버지와 할머니가 손주를 키우는 '조부모 가정'도 있지요. 우리는 가정에서 먹고, 자고, 쉬면서 사랑과 보살핌을 받아요. 또 여러 가지 예절과 규칙도 배우지요. 가족은 행복한 가정을 만들기 위해 서로를 아껴 주고 여러 노력을 해요.

이산가족
離(떠날 리/이) 散(흩어질 산)
家(집 가) 族(겨레 족)

이산가족은 가족끼리 헤어지고(떠날 리/이, 離) 흩어져서(흩어질 산, 散) 서로 만날 수 없게 된 가족을 말해요. 우리나라는 6.25 전쟁으로 남한과 북한이 갈라지면서 많은 가족들이 헤어지게 되었어요. 그 뒤 남한과 북한은 기회가 닿는 대로 이산가족을 만나게 하려고 노력하고 있어요.

핵가족/대가족

核(씨 핵) 家(집 가)
族(겨레 족) 大(큰 대)

핵가족은 부모와 자녀로 이루어진 가족이에요. **대가족**은 부부가 부모님을 모시고 자녀와 함께 사는 가족으로, '확대 가족'이라고도 해요. 요즘에는 다른 나라 사람과 결혼하는 사람도 많아요. 그런 가족은 한국과 다른 나라의 여러(많을 다, 多) 문화가 섞여 있어서 '다문화 가족'이라고 해요.

핵가족

대가족

다문화 가족

가족 행사

家(집 가) 族(겨레 족)
行(다닐 행) 事(일 사)

생일잔치, 결혼식 등 가족들이 모여서 하는 특별한 일을 **가족 행사**라고 해요. 대표적인 것으로 결혼이 있어요. '결혼'은 남자와 여자가 부부가 되어 새 가족을 이루는 일이지요. 그래서 결혼식을 올리는 날, 가족과 친척들이 모여 축하하고 축복해 주어요. 아기를 낳는 '출산'이나, 아기가 태어나 처음 맞는 생일인 '돌잔치' 역시 중요한 가족 행사예요. 만일 가족 행사에 가서 친척 어른을 뵈면 먼저 가서 인사드리는 것이 예의랍니다.

가훈

家(집 가) 訓(가르칠 훈)

항상 감사하는 마음

가훈은 한 집안(집 가, 家)의 어른들이 자손들에게 일러 주는 가르침(가르칠 훈, 訓)이에요. 어떤 집은 가훈을 종이에 크게 적어 걸어 두기도 하지요. 가훈 중에는 '건강한 가족', '감사하는 마음' 등 행복한 가정을 만들고 친구와 이웃에게 도움이 되도록 가르치는 내용들이 많아요. 여러분 집안의 가훈은 무엇인가요? 만약 아직 가훈이 없다면 부모님과 함께 만들어 보세요.

1 빈칸에 알맞은 낱말을 보기 에서 찾아 써 보세요.

2 빈칸에 알맞은 낱말을 찾아 선으로 이어 보세요.

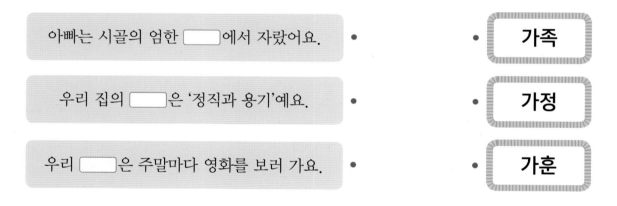

3 그림 속 가족처럼 다른 나라 사람끼리 결혼해서 이룬 가족을 무엇이라고 하나요? 〈낱말표〉에서 찾아 ○ 하세요.

〈낱말표〉

대	가	족	이	핵
쌍	둥	이	산	가
다	문	화	가	족
혈	연	외	족	장

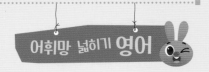

우리는 새로운 사람과 만나면 가족에 대해 묻곤 해요.
가족과 관련해 자주 주고받는 대화들을 알아볼까요?

가족 묻기

'가족이 몇 명이에요?'라고 물을 때 'How big is your family?'라고 하거나, 'How many family members do you have?'라고 물어요. 요새는 자녀가 한 명인 가족도 많지요. '나는 외아들(외동딸)이에요.'라고 말할 때는 'I'm the only child.'라고 해요.

3주 5일
학습 끝!

붙임 딱지 붙여요.

형제자매 묻기

'형제나 자매가 있나요?'라고 물을 때는 'Do you have any brothers or sisters?'라고 해요. '나는 맏이예요.'라고 말할 때는 'I'm the oldest.'라고 하고, '나는 막내예요.'라고 말할 때는 'I'm the youngest.'라고 해요.

QR 찍고 발음 듣기

괴로울 때나 즐거울 때나 함께하는 '동고동락'

비가 오나

퍽!

눈이 오나 함께 수련하며

딱! 딱!

얍! 얍!

흠…….

콩 한 쪽도 나누어 먹는 두 친구.

아~.

너도
아~.

허허,
기특한 녀석들.

그동안 수고했다.
이제 하산하거라!

!!!

동고동락(한가지 동 同, 괴로울 고 苦, 한가지 동 同, 즐거울 락/악 樂):
괴로움도 즐거움도 함께하는 것을 말해요.

오랜 시간 동고동락했으니,
하산 후에도 한 형제처럼
지내야 하느니라!

동고동락?

무슨 말이지?

어이구, 이 녀석들!
무술만 익히느라…….

동고동락(同苦同樂)이란,
괴로울 때나 즐거울 때나
항상 함께하는 것을
뜻하느니라.

네. 알겠습니다!

하산해서도
늘 지금처럼만
지내자고.

그럼 그럼.
우린 동고동락한
사이니까.

랄라라랄랄라~ ♪

아니, 저,
저건?!

산의 보물,
산삼이다!!!

내가 먼저
발견했어!!!

웃기시네,
내가 먼저
봤다고!!!

퍽-

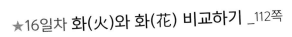

토잉이와 함께
끝까지 해 보자고!

PART 3

PART3에서는 소리나 뜻이 비슷해서
헷갈리기 쉬운 낱말들을 비교하며 배워요.

화(火)와 화(花) 비교하기

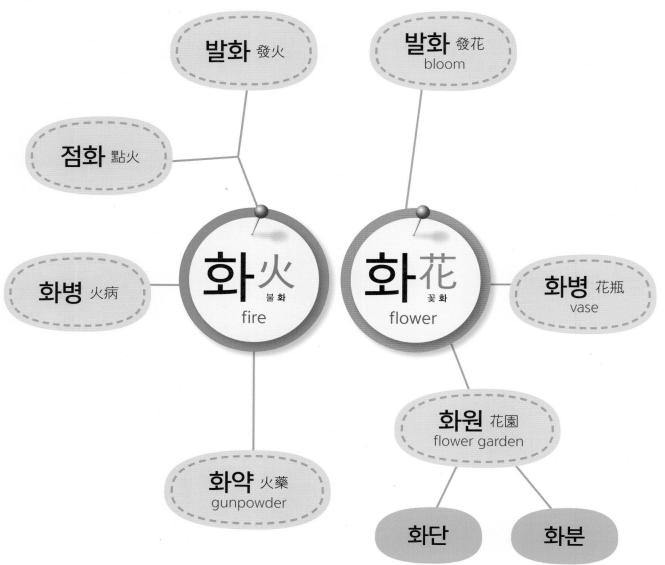

발화 發火

발화 發花
bloom

점화 點火

화火
불화
fire

화花
꽃화
flower

화병 火病

화병 花瓶
vase

화약 火藥
gunpowder

화원 花園
flower garden

화단

화분

112

1 그림을 보고 빈칸에 공통으로 들어갈 낱말을 써 보세요.

엄마가 아빠에게 선물받은 장미를 □□ 에 꽂았어요.

할머니는 너무 화가 나서 □□ 으로 몸져누우셨어요.

부싯돌을 세게 치자, 불꽃이 튀면서 □□ 했어요.

봄이 되자, 진달래와 개나리가 아름답게 □□ 했어요.

2 밑줄 친 낱말이 불과 관련이 있으면 붙임 딱지를, 꽃과 관련이 있으면
 붙임 딱지를 붙여 보세요.

① **화**약이 터져서 많은 사람들이 다쳤어요.

> 붙이는 곳

② 엄마가 **화**원에서 국화를 사 오셨어요.

> 붙이는 곳

③ 촛불을 점**화**하자, 사람들이 손뼉을 쳤어요.

> 붙이는 곳

④ **화**단이 장미꽃으로 가득해요.

> 붙이는 곳

발화 vs 발화
發(필 발) 火(불 화)
花(꽃 화)

발화는 불(불 화, 火)이 피어서(필 발, 發) 타기 시작하는 거예요. 비슷한말인 '점화'는 불을 붙이거나 켜는 것이지요. 올림픽을 시작할 때 성화에 불을 붙이는 행사를 하는데, 이것을 '성화 점화식'이라고 해요. 그런데 꽃(꽃 화, 花)이 피는(필 발, 發) 것 역시 **발화**라고 해요. 꽃이 피는 것은 꽃봉오리가 열리는(열 개, 開) 것이어서 '개화'라고도 해요.

화병 vs 화병
火(불 화) 病(병 병)
花(꽃 화) 瓶(병/단지 병)

화가 나면 불이 난 것처럼 몸이 뜨거워지지요? 그래서인지 심하게 화가 나서 생긴 병을 **화병**이라고 해요. '울화병'과 같은 말로, '화뼝'이라고 읽지요. 한편 '꽃 화(花)' 자가 들어간 화병도 있어요. 이 **화병**은 꽃을 꽂아 두는 꽃병을 뜻해요.

화약
火(불 화) 藥(약 약)

화약은 열이나 전기 등으로 자극을 받으면 순식간에 폭발하는 것이에요. 종이, 나침반, 인쇄술과 함께 세계 4대 발명품으로 꼽히지요. 화약은 대포와 폭탄 같은 무기에 이용될 뿐 아니라, 터널을 뚫거나 큰 건물을 무너뜨릴 때에도 쓰여요.

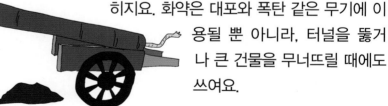

화원
花(꽃 화) 園(동산 원)

화원은 꽃이 활짝 피어 있는 예쁜 꽃밭이나 꽃을 파는 꽃집을 뜻해요. 꽃을 심으려고 한층 높게 꾸민 꽃밭은 '화단', 꽃을 심어 가꾸는 그릇은 '화분'이라고 해요.

화약을 만든 최무선

우리 민족은 고려 시대부터 화약을 사용했어요. 고려의 관리였던 최무선이 우리나라 최초로 화약을 만든 덕분이지요. 그런데 최무선은 왜 화약을 만들었을까요?

최무선이 살던 고려 시대에는 일본 해적인 왜구가 우리나라를 자주 쳐들어왔어요. 고려군은 칼과 창으로 맞서 싸웠지만, 왜구가 너무 자주 쳐들어오니 날이 갈수록 피해가 커졌지요.

▲ 진포 대첩 기념탑은 금강호 시민 공원에 있어요.

그 모습을 본 최무선은 더 강한 무기가 필요하다고 생각했어요. 이것저것 알아보던 최무선은 중국에서 발명한 화약과 화약 무기를 본떠 강한 무기를 만들고 싶었어요. 하지만 쉽지 않았답니다.

그러던 중에 최무선은 중국에서 온 이원이라는 사람을 알게 되었어요. 최무선은 이원을 집으로 초대해 화약 만드는 방법을 가르쳐 달라고 부탁했지요. 그의 진심에 감동한 이원은 결국 최무선이 화약을 만들게 도와주었답니다. 이후 최무선은 화약과 무기를 연구하는 관청인 '화통도감'에 들어가 여러 화약 무기를 개발했어요. 그의 노력 덕분에 1380년, 최무선은 오백여 척에 이르는 왜구의 배를 모두 물리치는 큰 업적을 남겼답니다. 이 싸움을 '진포 대첩'이라고 불러요.

낱말상식 톡

발명과 발견은 언뜻 보면 비슷해 보이지만 서로 다른 뜻을 지니고 있어요. 발명(필 발 發, 밝을 명 明)은 없던 기술이나 물건을 새로 만들어 내는 것을 말해요. 하지만 발견(필 발 發, 볼 견 見)은 아직 알려지지 않은 것을 찾아내는 것을 말하지요. 그러므로 발명은 새롭게 만들어 내는 것이고, 발견은 이미 있던 것을 찾아낸다는 차이점이 있답니다.

1 엄지 공주가 화원에서 꽃을 가꾸고 있어요. 화살표가 가리키는 것의 이름을 붙임 딱지에서 찾아 붙여 보세요.

2 그림에 어울리는 낱말들을 찾아 선으로 잇고, 밑줄 친 '화' 자가 불을 뜻하면 '화(火)'로, 꽃을 뜻하면 '화(花)'로 연결해 보세요.

3 속뜻짐작 밑줄 친 글자가 보기의 '화' 자와 같은 뜻으로 사용된 것을 찾아 ○ 하세요.

보기
화약

목이 긴 신발
장화

얼굴을 곱게 하는
화장품

불을 끄는 기구
소화기

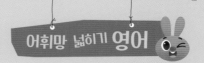

꽃은 영어로 flower예요. 여러분이 좋아하는 꽃들을 영어로 알아보아요.
그리고 flower와 함께 자주 쓰는 표현들도 살펴볼까요?

rose (장미)

sunflower (해바라기)

lily (백합)

carnation (카네이션)

4주 1일
학습 끝!
붙임 딱지 붙여요.

꽃은 예쁘고 좋은 향기가 나서 많은 사람들이 좋아해요. 그래서 꽃은 아래와 같이 꾸미는 말들과 함께 자주 쓰여요.

· **beautiful** flower 아름다운 꽃
· **pretty** flower 예쁜 꽃
· **colorful** flower 여러 빛깔의 꽃
· **lovely** flower 사랑스러운 꽃
· **my favorite** flower 내가 좋아하는 꽃

QR 찍고 발음 듣기

일(日)과 일(一) 비교하기

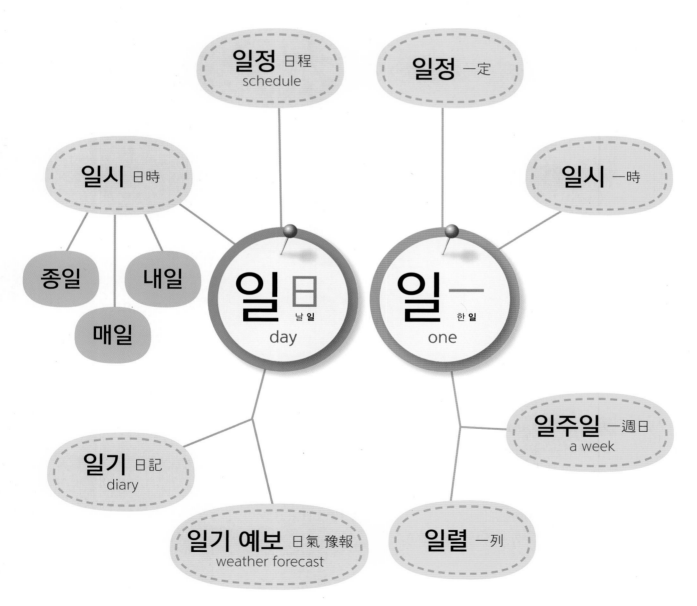

일정 日程
schedule

일정 一定

일시 日時

일시 一時

종일

내일

매일

일 日
날 일
day

일 一
한 일
one

일주일 一週日
a week

일기 日記
diary

일기 예보 日氣 豫報
weather forecast

일렬 一列

1 밑줄 친 '일정'이 같은 뜻으로 쓰인 것끼리 선으로 이어 보세요.

의자 간격을 **일정**하게
맞추어 놓아요.

여행을 가기 전에
일정을 짜요.

비가 와서 운동회를
일정대로 하지 못했어요.

과일들 크기가
일정해요.

2 밑줄 친 글자가 '날'을 뜻하는 징검다리만 밟고 가서 도착하는 섬 위에
붙임 딱지를 붙여 보세요.

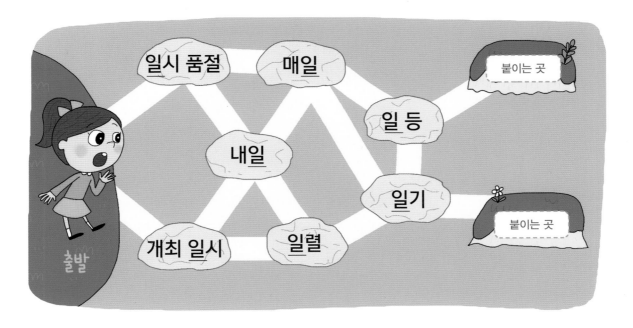

일정 vs 일정
日(날 일) 程(길/법 정)
一(한 일) 定(정할 정)

일정은 정해진 기간(날 일, 日) 동안 할 일을 짜 놓은 거예요. '일정대로 합니다.'라고 하면 원래 정한 기간에 한다는 뜻이지요. 소리가 같지만, '한 일(一)' 자가 들어간 **일정**은 크기나 모양, 시간 등이 하나로 (한 일, 一) 정해진(정할 정, 定) 것을 뜻해요. '수업 시간은 일정해요.'라고 하면, 수업 시간이 항상 같다는 거예요.

일시 vs 일시
日(날 일) 時(때 시)
一(한 일)

일시는 날짜(날 일, 日)와 시간(때 시, 時)을 아울러 가리켜요. 날과 관련된 낱말에는 종일, 매일, 내일이 있어요. '종일'은 아침부터 하루를 마칠 때(마칠 종, 終)까지를, '매일'은 늘(매양 매, 每) 계속되는 하루하루를, '내일'은 오늘에 이어서 올(올 래/내, 來) 다음 날을 뜻해요. 반면 '한 일(一)' 자가 들어가는 **일시**는 같은(한 일, 一) 때(때 시 時), 혹은 짧은 기간을 뜻해요.

일기 / 일기 예보
日(날 일) 記(기록할 기)
氣(기운 기) 豫(미리 예)
報(갚을/알릴 보)

일기는 그날그날(날 일, 日) 겪은 일과 그 일에 대한 생각이나 느낌을 쓴(기록할 기, 記) 글이에요. 반면 '일기 예보'에 들어가는 '일기'는 그날의 날씨(기운 기, 氣)를 뜻해요. **일기 예보**는 날씨 변화를 미리 예상해 알려 주는 일이에요.

일주일 / 일렬
一(한 일) 週(주일/돌 주)
日(날 일) 列(벌일 렬/열)

일주일은 월요일부터 일요일까지 이레 동안을 말해요. 한(한 일, 一) 주일이라는 뜻이지요. 그리고 **일렬**은 하나(한 일, 一)로 늘어선(벌일 렬/열, 列) 줄로, '일렬로 서라.'라고 하면 한 줄로 서라는 뜻이에요.

다양한 일기 쓰기

일기는 오늘 겪은 일에 대해 생각이나 느낌을 솔직하게 쓴 글이에요. 하루하루의 일기가 모이면 나만의 소중한 역사가 되지요. 일기는 종류가 아주 다양해요. 어떤 종류의 일기가 있는지 함께 알아볼까요?

그림일기

오늘 아빠께서 두발자전거를 선물해 주셨다. 정말 기뻤다.

그 날의 일을 글과 그림으로 나타낸 일기예요.

동시 일기

학교에서 오는 길
코스모스가 반갑다고 손을 흔드네.

그날 있었던 일이나 생각, 느낌 등을 동시로 쓴 일기예요.

독서 일기

제목: <공룡 시대>를 읽고
세이스모사우루스는 풀만 먹고 사는 공룡인데 덩치가 어마어마하게 크다. 너무 커서 걸을 때마다 지진이 났을 것 같다.

읽은 책의 내용이나 주인공에 대한 생각 등을 일기처럼 써요.

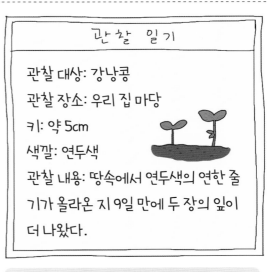

관찰 일기

관찰 대상: 강낭콩
관찰 장소: 우리 집 마당
키: 약 5cm
색깔: 연두색
관찰 내용: 땅속에서 연두색의 연한 줄기가 올라온 지 9일 만에 두 장의 잎이 더 나왔다.

동물, 식물, 날씨 등 자연을 관찰하고 쓴 일기예요.

1 ( ) 안에 있는 낱말과 바꾸어 쓸 수 있는 낱말을 찾아 선으로 이어 보세요.

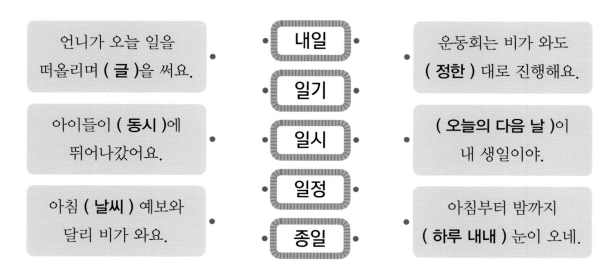

언니가 오늘 일을 떠올리며 (글)을 써요.

아이들이 (동시)에 뛰어나갔어요.

아침 (날씨) 예보와 달리 비가 와요.

내일

일기

일시

일정

종일

운동회는 비가 와도 (정한) 대로 진행해요.

(오늘의 다음 날)이 내 생일이야.

아침부터 밤까지 (하루 내내) 눈이 오네.

2 다음 문장에서 밑줄 친 '일시'와 관계있는 것을 모두 골라 보세요. (,)

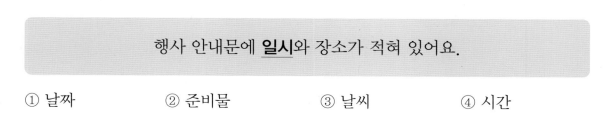

행사 안내문에 **일시**와 장소가 적혀 있어요.

① 날짜   ② 준비물   ③ 날씨   ④ 시간

3 속뜻짐작 다음은 야구장 모습이에요. 빈칸에 들어갈 낱말을 찾아 ○ 하세요.

'루'에는 지켜야 할 자리라는 뜻이 있어.

삼루

이루

일루

일렬

122

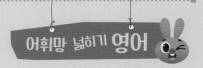

day는 '하루, 날'이라는 뜻이에요.
day가 들어가는 영어 단어들을 알아볼까요?

그저께
the day before
yesterday

어제
yesterday

오늘
today

내일
tomorrow

모레
the day after
tomorrow

4주 2일
학습 끝!

붙임 딱지 붙여요.

every day, all day

'매일'은 every day, '하루 종일'은 all day라고 해요. 그리고 one day는
'일일, 하루'라는 뜻 말고도 '언젠가, 어느 날'이라는 뜻도 있어요.

QR 찍고 발음 듣기

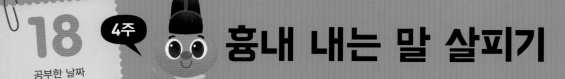

흉내 내는 말 살피기

덜그럭덜그럭

상자에서 **덜그럭덜그럭** 소리가 나요.
가방에서 **덜그럭덜그럭** 물건들이 부딪쳐요.

덜그럭덜그럭은 크고 단단한 물건이 자꾸 부딪치는 소리를 흉내 낸 말이에요. 걸을 때마다 가방 안에 있는 물건들이 부딪치면, '준비물들이 덜그럭덜그럭 부딪쳐요.'라고 하지요. '덜그럭덜그럭'은 연달아 두 번 쓰기도 하지만 '덜그럭'이라고 한 번만 쓰기도 해요. '덜그럭거리다', '덜그럭대다', '덜그럭하다'라고 쓸 수도 있어요.

달그락달그락

얼음이 든 컵을 흔들자 **달그락달그락** 소리가 나요.
동생이 **달그락달그락** 소리 내며 밥을 먹어요.

달그락달그락은 작고 단단한 물건이 서로 가볍게 부딪치는 소리를 흉내 낸 말이에요. '덜그럭덜그럭'보다 작은 물건이 내는 소리이지요. '달그락달그락'도 연달아 두 번 쓸 수 있고 '달그락'이라고 한 번만 쓸 수 있어요. '달그락거리다', '달그락대다', '달그락하다'라고 쓸 수 있답니다.

1 ( ) 안의 두 낱말 중 알맞은 것에 ○ 하세요.

① 상자를 흔들자

(엉금엉금 / 덜그럭덜그럭) 소리가 나요.

② 설거지를 하면 (달그락달그락 / 딸꾹딸꾹)

그릇들이 부딪치는 소리가 나요.

2 다음 그림에서 달그락달그락 소리 내는 사람을 찾아 ○ 하세요.

쿵쿵

> 문을 **쿵쿵** 두드려요.
> 못 박는 소리가 **쿵쿵** 들려요.

쿵쿵은 크고 무거운 물건이 자꾸 바닥에 떨어지거나 부딪쳐서 나는 소리를 흉내 내는 말이에요. 코끼리나 곰처럼 덩치가 큰 동물이 바닥을 딛는 소리나, 큰북같이 큰 악기를 두드리는 소리도 '쿵쿵'이라고 표현하지요. 화가 많이 나서 세차게 걸을 때도 '쿵쿵 걷는다.'라고 말하고, 크게 놀라 가슴이 세게 뛸 때도 '가슴이 쿵쿵 뛴다.'라고 해요. '쿵쿵거리다', '쿵쿵대다', '쿵쿵이다' 등으로 쓸 수 있어요.

콩콩

> 아이가 **콩콩** 뛰어요.
> 너무 답답해서 가슴을 **콩콩** 쳐요.

콩콩은 작고 가벼운 물건이 연달아 바닥에 떨어지거나 부딪쳐서 나는 소리를 흉내 내는 말이에요. 아이가 작은 발로 가볍게 구르면 '발을 콩콩 굴러요.'라고 하고, 놀라거나 흥분해서 심장이 빠르게 뛸 때는 '가슴이 콩콩 뛴다.'라고 해요. 콩콩도 '콩콩거리다', '콩콩대다', '콩콩이다' 등으로 쓸 수 있어요.

1 ㉮~㉱ 중에서 '쿵쿵'이 어울리는 것을 모두 찾아 ○ 하세요.

개미가 (㉮) 기어가요.

고릴라가 두 손으로 가슴을 (㉯) 쳐요.

큰북을 치니 (㉰) 소리가 나요.

꽃잎이 땅에 (㉱) 떨어져요.

2 그림을 보고, 그림에 어울리는 흉내 내는 말 붙임 딱지를 찾아 붙여 보세요.

붙이는 곳

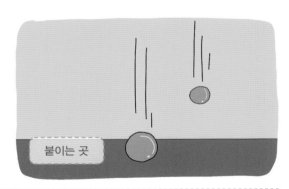

붙이는 곳

붙이는 곳

붙이는 곳

부글부글

큰솥에서 찌개가 **부글부글** 끓어요.
부글부글 화가 나요.

부글부글은 많은 양의 찌개나 물 같은 것을 끓이는 소리나 모습을 흉내 낸 말이에요. 큰 거품이 잇따라 생기는 소리나 모습도 '부글부글'이라고 표현하지요. '부글부글 화가 나요.'처럼 화가 많이 나서 마음이 잘 다스려지지 않을 때에도 쓰고, 사람이나 동물, 벌레 등이 많이 모여 복잡한 모습을 표현할 때도 '부글부글 들끓는다.'라고 써요.

보글보글

비누 거품이 **보글보글** 올라와요.
물이 **보글보글** 끓어요.

보글보글은 적은 양의 찌개나 물 같은 것이 끓는 소리나 모습을 흉내 낸 말이에요. 작은 거품이 잇따라 생길 때 나는 소리나 모양을 흉내 낼 때도 '보글보글'이라고 하지요. '사이다에서 보글보글 방울이 올라와요.'처럼 쓸 수 있어요. 또 머리카락이 짧게 꼬부라진 모양을 나타낼 때에도 '보글보글'을 써요. '엄마가 보글보글한 파마를 했어요.'처럼 쓸 수 있어요.

1 ( ) 안의 두 낱말 중 알맞은 것에 ○ 하세요.

(보글보글 / 부글부글),
화산이 터졌어요.

비누 거품을 (보글보글 / 부글부글)
만들어 손을 씻어요.

동생 때문에 (부글부글 / 보글보글)
화가 끓어올라요.

콜라에서 (보글보글 / 부글부글)
거품이 올라와요.

2 다음 중 밑줄 친 부분이 바르게 쓰인 문장을 모두 찾아 ○ 하세요.

① 강아지가 **보글보글** 뛰어가요.

② 파마를 한 머리카락이 **보글보글**거려요.

③ 주전자에서 **보글보글** 물 끓는 소리가 나요.

④ 청개구리가 **보글보글** 울어요.

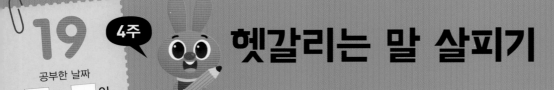

드러내다

이를 **드러내며** 활짝 웃었어요.
잘못이 **드러났어요**.

드러내다는 속에 가려지거나 숨겨진 것이 나타나 보이는 것이에요. '속마음을 드러내다.'라고 하면 숨겨 둔 마음이 나타난 것이고, '그 사람이 모습을 드러냈어요.'라고 하면 숨어 있던 사람이 사람들 앞에 나타난 거예요. 또 '드러내다'는 알려지지 않았던 것이 밝혀졌을 때에도 써요. 예를 들어 경찰이 끈질기게 조사해서 범인의 죄가 밝혀지면, '죄가 드러났다.'라고 해요.

들어내다

방에서 이삿짐을 **들어냈어요**.
저 사람을 당장 이곳에서 **들어내라**.

들어내다는 물건을 들어서 밖으로 옮기는 것이에요. '서재에서 탁자를 들어냈어요.', '옷장을 들어내니 방이 넓어졌어요.'처럼 쓸 수 있지요. 또 사람을 있던 자리에서 쫓아낼 때에도 '들어내다'를 써요. 예를 들어 '저 거짓말쟁이를 여기서 당장 들어내라.'라고 쓰거나, '그 사람을 들어내고 새 사람을 그 자리에 앉혔다.'라고 쓸 수 있어요.

1 나무꾼이 산속에서 길을 잃었어요. 빈칸에 알맞은 낱말을 따라가면 나무꾼을 집까지 무사히 데려다줄 수 있어요.

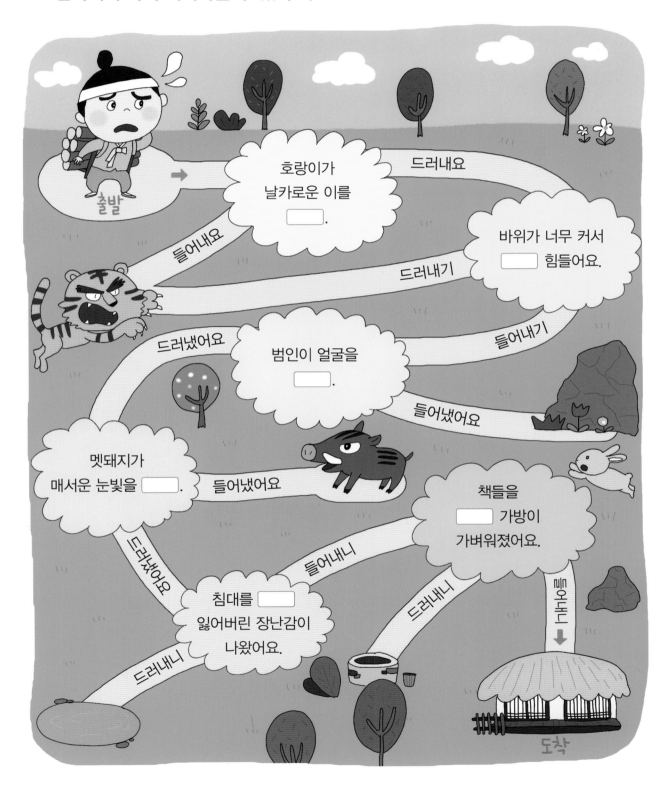

띄다

틀린 글자가 눈에 **띄어요**.
눈에 **띄게** 키가 컸어요.

띄다는 '뜨이다'를 줄여 쓴 말로, 무엇이 눈에 보이는 것을 뜻해요. 지우개를 찾는데 아무리 찾아도 안 보이면, '눈에 띄지 않아요.'라고 해요. 또 '띄다'는 '두드러지다'라는 뜻도 있어요. 만일 '눈에 띄게 키가 컸어요.'라고 하면 한눈에 보일 만큼 훌쩍 자랐다는 뜻이에요. 그리고 '띄다'는 어떤 소리가 귀에 들릴 때에도 써서, 놀라운 이야기를 들었을 때 '귀가 번쩍 띈다.'라고 말해요.

띠다

친구가 행복한 미소를 **띠었어요**.
장군이 중요한 임무를 **띠고** 떠났어요.

띠다는 어떤 색깔이나 기분, 감정 등이 나타나는 것을 뜻해요. '그 옷은 푸른빛을 띠어요.'나 '친구가 행복한 미소를 띠었어요.'처럼 쓰지요. '띠다'에는 어떤 임무나 해야 할 일을 지닌다는 뜻도 있어요. 만일 '장군이 중요한 임무를 띠고 떠났어요.'라고 하면, 장군이 매우 중요한 일을 맡고 떠났다는 뜻이에요.

1 ( ) 안의 두 낱말 중 알맞은 것에 ○ 하세요.

① 사나운 고양이가 나타났어.

눈에 (띠지 / 띄지) 않게 조심해.

② 와 줘서 고맙소.

쥐들을 쫓아내는 중요한 임무를 (띠고 / 띄고) 왔습니다.

2 그림을 잘 보고, 빈칸에 '띄'와 '띠' 중 알맞은 글자를 써 보세요.

고양이가 사람들 눈에 [ ]지 않게 살금살금 지나가요.

이 보석은 붉은빛을 [ ]어요.

빨간색 튤립이 눈에 확 [ ]었어요.

영호는 입가에 웃음을 가득 [ ]고 다가왔어요.

껍데기

> 달걀 **껍데기**를 벗겨요.
> 알맹이는 다 먹고 **껍데기**만 남았어요.

껍데기는 달걀이나 조개처럼 겉을 감싸고 있는 단단한 것을 말해요. 그래서 달걀 껍데기, 굴 껍데기, 땅콩 껍데기 등으로 쓸 수 있지요. 또 껍데기는 알맹이를 싸고 있는 것을 뜻하기도 해서, '이불 껍데기'나 '베개 껍데기', '사탕 껍데기'처럼 쓸 수 있어요.

껍질

> **귤껍질**을 까요.
> 넘어질 때 손바닥 **껍질**이 벗겨져 아파요.

껍질은 '껍데기'와 뜻이 비슷해요. 하지만 '껍데기'는 겉을 싸고 있는 단단한 것을 뜻하고, '껍질'은 단단하지 않은 것을 뜻해요. 주변에서 자주 볼 수 있는 귤이나 사과, 양파 등은 겉을 감싸고 있는 게 단단하지 않지요? 그래서 이것들은 귤껍질, 사과 껍질, 양파 껍질이라고 말해요. 그런데 조개는 특별하게도 '조개껍데기'와 '조개 껍질'을 모두 쓸 수 있어요.

1 그림을 보고 빈칸에 알맞은 낱말을 찾아 선으로 이어 보세요.

굴 ☐ 은/는
딱딱해요.

양파 ☐ 을/를
벗겨요.

호두 ☐ 을/를
까요.

바나나 ☐ 은/는
미끄러워요.

껍데기

껍질

달걀 ☐ 을/를
깨뜨려요.

사과 ☐ 을/를
깎아요.

땅콩 ☐ 을/를
벗겨요.

4주 4일
학습 끝!

붙임 딱지 붙여요.

2 설명하는 낱말을 찾아 ○ 하세요.

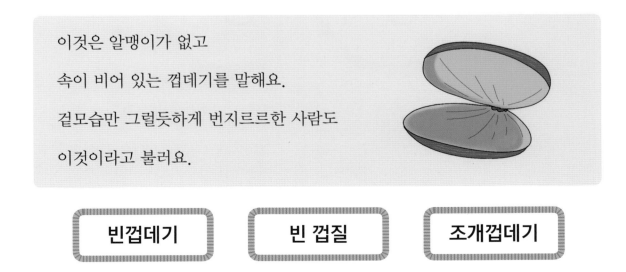

이것은 알맹이가 없고

속이 비어 있는 껍데기를 말해요.

겉모습만 그럴듯하게 번지르르한 사람도

이것이라고 불러요.

빈껍데기

빈 껍질

조개껍데기

앞뒤에 붙는 말 알아보기

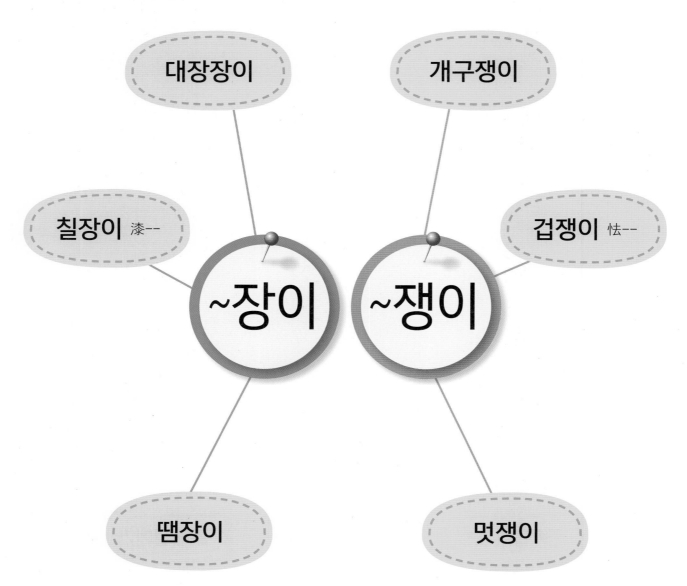

대장장이

개구쟁이

칠장이 漆--

겁쟁이 怯--

~장이

~쟁이

땜장이

멋쟁이

1 ( ) 안의 두 낱말 중 알맞은 것에 ○ 하세요.

① 막내는 (겁장이 / 겁쟁이)여서 미끄럼틀 타는 것을 무서워해요.

② (대장장이 / 대장쟁이)가 쇠를 불에 달구고 있어요.

③ 우리 이모는 멋을 잘 내는 (멋장이 / 멋쟁이)예요.

④ (땜장이 / 땜쟁이)가 구멍 난 솥을 때우고 있어요.

2 밑줄 친 낱말 가운데 잘못 쓴 것을 찾아 바르게 고쳐 써 보세요.

애야, 벽에 낙서하면 안 돼!

에이, **칠쟁이** 아저씨도 벽에 색칠하시잖아요?

이런 **개구쟁이** 녀석! 그만두지 못해!

잘못 쓴 낱말

바르게 고친 낱말

137

대장장이
대장+장이

'~장이'는 어떤 기술을 가지고 있는 사람을 나타낼 때 붙여요. **대장장이**는 쇠를 불에 달구어 여러 도구를 만드는 사람이에요. 옛날에는 대장장이가 농사나 살림에 필요한 여러 도구와 전쟁에 필요한 무기들을 만들었어요.

칠장이
漆(옻칠할 칠)+장이

칠장이는 색을 칠하는 기술자예요. 뛰어난 솜씨로 벽이나 도로뿐 아니라 가구나 배 등에도 페인트칠을 하지요. 오늘날에는 '도장공'이라고 불러요.

땜장이
땜+장이

'구멍 난 솥을 때운다.'라는 말을 들어 본 적이 있나요? 이런 일을 '땜질'이라고 하고, 땜질을 직업으로 하는 사람을 **땜장이**라고 해요. 오늘날의 '용접공'과 비슷해요.

개구쟁이
개구+쟁이

'~쟁이'는 어떤 성질을 많이 가진 사람을 나타낼 때 붙여요. 고집이 센 사람을 '고집쟁이'라고 하는 것처럼요. **개구쟁이**는 장난을 좋아하고 짓궂은 아이를 말해요.

겁쟁이
怯(겁낼 겁)+쟁이

'겁'은 무언가를 무서워하는 것으로, 어떤 사람은 겁이 많고 어떤 사람은 겁이 적어요. **겁쟁이**는 다른 사람보다 겁이 많은 사람이에요.

멋쟁이
멋+쟁이

멋쟁이는 모습이나 행동이 멋있는 사람이에요. 또 옷이나 모자, 안경 등 여러 가지 물건으로 자신을 잘 꾸미는 사람도 멋쟁이라고 해요.

남다른 솜씨를 가진 '장이'들

'~장이'는 어떤 일을 하는 사람을 뜻할 때 붙여요. 특히 손으로 물건을 만들거나 고치는 사람에게 많이 붙이지요. '~장이'가 들어간 여러 직업을 알아보아요.

양복장이 양복장이는 양복 만드는 일을 하는 사람이에요. 양복은 서양식 남자 정장으로, 주로 예의를 갖추어야 할 때 입어요.

기와장이 기와장이는 흙을 구워서 만든 기와를 이는 일을 하는 사람이에요. 지붕을 덮는 것을 '이다'라고 하지요.

미장이 미장이는 시멘트나 흙 바르는 일을 하는 사람이에요. 미장이가 시멘트나 흙을 바르면 벽과 바닥이 평평해져요.

옹기장이 옹기장이는 옹기그릇 만드는 일을 하는 사람이에요. 옹기그릇은 진흙을 구워 만든 그릇으로, 항아리 등이 있어요.

특이한 버릇이나 행동을 하는 사람에게 붙이는 '~쟁이'는 개구쟁이, 겁쟁이, 멋쟁이 외에도 방귀를 아무 데서나 자주 뀌는 '방귀쟁이'가 있고, 아무 때나 떼를 부리는 '떼쟁이' 등이 있어요.

1 다음 그림과 설명을 보고, '쟁이'와 '장이' 중 알맞은 낱말 붙임 딱지를 붙여 보세요.

큰 배를 칠하는

칠 | 붙이는 곳 |

멋을 잘 내는

멋 | 붙이는 곳 |

겁이 많은

겁 | 붙이는 곳 |

2 밑줄 친 낱말 중 잘못 쓰인 것은 무엇일까요? (　　　　)

① 고집이 센 고집**쟁이**　　　　② 짓궂은 개구**쟁이**

③ 대장간에서 쇠를 달구는 대장**장이**　　④ 땜질을 하는 땜**쟁이**

3 속뜻짐작 설명에 알맞은 낱말을 찾아 선으로 연결해 보세요.

| 장호는 부끄러움이 많아요. | • | | • | 미장이 |

| 혹부리 영감이 시멘트를 발라요. | • | | • | 떼쟁이 |

| 아빠는 간판 만드는 일을 해요. | • | | • | 거짓말쟁이 |

| 순영이는 떼를 많이 부려요. | • | | • | 부끄럼쟁이 |

| 콩콩이는 거짓말을 잘해요. | • | | • | 간판장이 |

어떤 일에 뛰어난 솜씨를 가진 사람을 '달인' 또는 '장인'이라고 해요.
영어에도 이와 비슷한 뜻을 가진 단어가 있지요. 함께 알아볼까요?

master

master는 '장인'을 뜻해요. 장인은 어떤 물건을 손으로 만드는 일을 하는 사람이지요. 예술 활동을 하는 예술가도 장인이라고 해요.

4주 5일
학습 끝!

붙임 딱지 붙여요.

expert

expert는 '전문가'를 말해요. 무언가에 매우 숙련된 사람이지요. '국수 달인'은 noodle expert, '운전의 달인'은 expert driver라고 해요.

QR 찍고 발음 듣기

늘 반대로 행동하는
'청개구리'

꼬마야,
참 귀엽게 생겼구나.
너 몇 살이니?

여덟 살이에요.

어디 보자,
그럼 띠가 어떻게 되나?

저는 청개구리
띠예요.

뭐? 청개구리
띠는 없는데?

엄마가 저보고
만날 청개구리라고
하거든요.

하하, 그건
그런 뜻이 아니란다.

?!

청개구리: 개구리의 한 종류예요. 모든 일에 엇나가게 행동하는 사람을
청개구리에 빗대어 표현해요.

옛날에 엄마 말을 안 듣는
청개구리가 살았단다.

서쪽으로 가렴.

싫어요.
동쪽으로
갈래요.

풀짝

어느 날 엄마가 죽을병에 걸려서
유언을 하게 되었지.

늘 거꾸로 행동하니
냇가에 묻어 달라고 해야
산에 묻겠지?

엄마, 죽지 마세요.

엄마는 청개구리가 거꾸로 할 것이라고
생각해서 자신이 죽으면 냇가에 묻어
달라고 했는데⋯⋯.

흑흑, 엄마의 유언만큼은
꼭 지켜야지!

청개구리는 엄마의 유언대로 냇가에 무덤을
만들었어. 그 후 비가 올 때마다 청개구리는
무덤이 떠내려갈까 봐 꺼이꺼이 울었단다.

평소대로
거꾸로 할걸!

개굴! 개굴!

출렁

이제 엄마가 너에게
청개구리라고 하신 뜻을 알겠니?

이럴 수가⋯⋯.

왜 그러니?

아빠께도 청개구리라
고 하셔서 아빠랑
저랑 같은 띠라고
생각했는데⋯⋯.

크~, 청개구리
부자로구나!

〈세 마리 토끼 잡는 초등 어휘〉 P단계 1권 정답 및 해설

1주 13쪽 먼저 확인해 보기

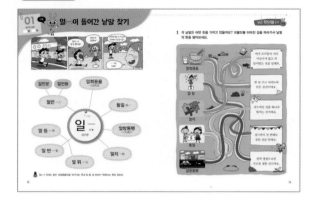

1주 16쪽 속뜻 짐작 능력 테스트

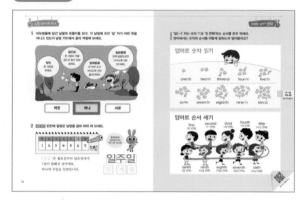

1. '일인', '일인분', '일회용품', '일방통행'의 '일(한 일, 一)' 자는 하나를 뜻해요.
2. '일주일'은 월요일부터 일요일까지 7일, 한 주일을 말해요.

1주 19쪽 먼저 확인해 보기

1주 22쪽 속뜻 짐작 능력 테스트

1. 정답은 '외계인'과 '인형'이에요. '외계인'은 지구 밖에 (바깥 외, 外) 산다고 생각하는 생명체예요. '인형'은 사람이나 동물 모양(모양 형, 形)으로 만든 장난감을 가리켜요.
2. '달인'은 어떤 일에 뛰어난 재주를 가진 사람이에요. '인종'은 지역이나 신체적 특징, 피부색 등으로 사람들을 나눈 것이에요. 황인종, 흑인종, 백인종 등이 '인종'에 속하지요. '인종 차별'은 인종에 따라 사람을 차별하는 것을 말해요.
3. '체육인'은 체육과 관련된 분야에서 일하는 사람이에요. 운동선수뿐 아니라 코치나 감독 등도 체육인에 속해요.

1주 25쪽 먼저 확인해 보기

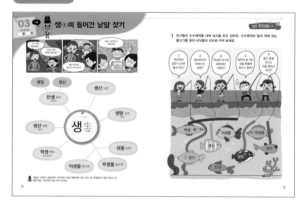

1. 정답은 ① 생선, ② 생신, ③ 학생, ④ 생명, ⑤ 생산이에요.

1주 28쪽 속뜻 짐작 능력 테스트

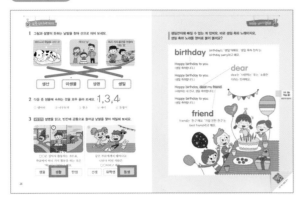

1. '생명'은 동물이나 식물처럼 살아 있는 것을 말하고, '생일'은 태어난 날을 뜻해요. '생산'은 물건을 만들어 내는 것이에요.
3. '학교생활'은 학생으로서 학교에 다니고 공부를 하며 지내는 것을 말해요. '동생'은 같은 부모 밑에서 태어난 자식 가운데 나이가 적은 사람이에요.

1주 31쪽 먼저 확인해 보기

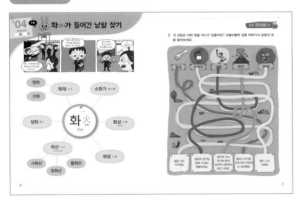

1주 34쪽 속뜻 짐작 능력 테스트

1. '화산'은 땅속에 있는 마그마, 암석, 가스 등이 땅 위로 뿜어져 나와 산처럼 만들어진 것이에요. '성화'는 올림 픽처럼 큰 대회에서 경기장에 켜 놓는 신성한(성스러울 성, 聖) 불이에요. '화상'은 불이나 뜨거운 것에 데어서 피부가 상한(상할 상, 傷) 것을 말해요.
2. 불이 났을 때는 '소화기'로 불을 끄거나 '소방관'이 일하는 소방서에 연락해 도움을 청해요. 소방서 번호는 119예요.
3. '화성'은 태양에 네 번째로 가까운 행성이에요.

1주 37쪽 먼저 확인해 보기

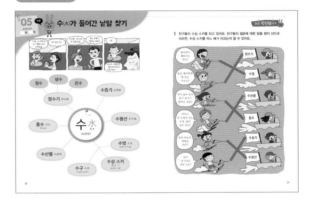

1주 40쪽 속뜻 짐작 능력 테스트

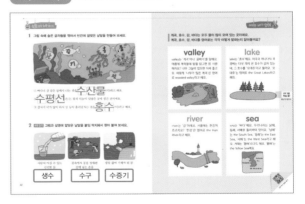

2. '생수'는 원래 샘에서 솟아 나오는 자연 상태의 물을 말해요. 요즘에는 우리가 마실 수 있는 신선한 물도 '생수'라고 부르지요. '수구'는 수영 경기 중 하나로 물속에서 헤엄쳐 공(공 구, 球)을 상대편 골에 넣어 점수를 얻는 경기예요. '수증기'는 기체가 된 물을 말해요.

2주 45쪽 먼저 확인해 보기

1. 정답은 ① 고모, ② 이모, ③ 숙모예요. '고모'는 아빠의 여자 형제이고, '이모'는 엄마의 여자 형제예요. '숙모'는 작은아버지의 아내로, 작은어머니와 같은 말이에요.
2. 그림 속에 있는 ㄹ, ㅁ, ㅂ, ㅇ, ㅍ은 '자음'이고 ㅏ, ㅓ, ㅗ, ㅜ, ㅣ는 '모음'이에요.
3. '조부모'는 할아버지와 할머니를 아울러 이르는 말이에요.

2주 48쪽 속뜻 짐작 능력 테스트

2. '계모'는 아버지가 다시 결혼해 얻은 아내로, 새어머니를 말해요.
3. '모자'는 어머니(어머니 모, 母)와 아들(아들 자, 子)을 아울러 이르는 말이에요.

2주 51쪽 먼저 확인해 보기

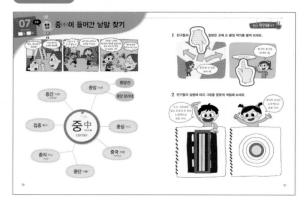

2. '중앙선'은 도로 한가운데에 있는 선(줄 선, 線)이에요. '과녁의 중심'은 과녁의 한가운데를 말해요.

2주 54쪽 속뜻 짐작 능력 테스트

1. '중간'은 물건이나 시간 등의 사이(사이 간, 間)나 가운데(가운데 중, 中)를 뜻해요. 영화를 보는 중은 영화를 보는 시간의 가운데서 '영화 보는 중간'이라고 표현할 수 있어요. '중앙'은 어떤 공간의 한가운데를 말해요. 가운데 자리는 '자리가 중앙이어서'라고 표현할 수 있어요. '중심'은 물건의 한가운데나 일의 중요한 부분이에요. 그래서 '영화 보는 중심'은 '영화 보는 중간'으로 바꾸어 표현해야 해요.
2. 정답은 ① 집중, ② 중단이에요. '집중'은 한 가지 일에 모든 힘을 쏟아붓거나 한곳을 중심으로 모이는 것이고, '중단'은 어떤 일이나 행동 등이 중간에 끊어지는(끊을 단, 斷) 것을 말해요.
3. '중천(中天)'은 하늘(하늘 천, 天)의 가운데, 하늘의 한복판이에요.

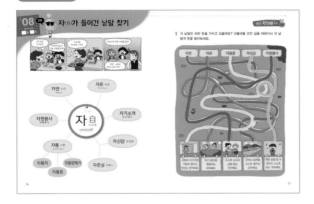

2. '자유롭게'는 무엇에 얽매이지 않고 자기 마음대로 하는 것을 말해요. '자기소개'는 자기의 이름이나 성격 등을 남에게 알리는 것이에요. '자신감'은 어떤 일을 잘할 수 있다고 스스로 믿는 마음이에요.
3. '자연 보호'는 물이나 산 등 자연이 더러워지거나 망가지지 않도록 보호하는 것을 말해요.

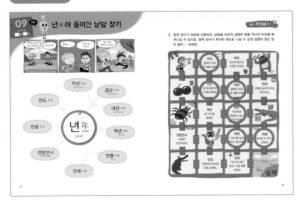

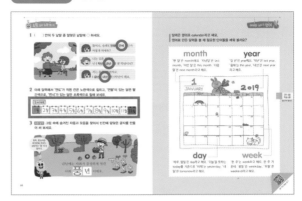

1. 정답은 '연세', '금년', '내년'이에요. '연세'는 나이를 높여 부르는 말이고, '금년'은 올해를 말해요.
2. 한 해의 마지막(끝 말, 末)을 뜻하는 '연말'은 12월에 있고, 한 해의 시작(처음 시, 始)을 뜻하는 '연시'는 1월에 있어요.
3. 농사가 잘되어 수확이 많은 해를 '풍년'이라고 해요.

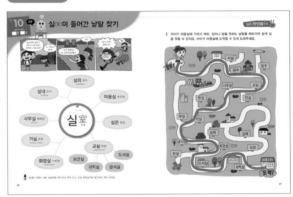

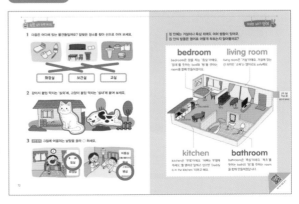

1. '보건실'은 학교나 회사에서 아플 때 쉬거나 간단하게 치료를 받는 곳이에요. '교실'은 학생들이 공부하는 방이고, '화장실'은 대소변을 누는 방이에요.
2. 집이나 건물의 바깥(바깥 외, 外)은 '실외', 집이나 건물의 안(안 내, 內)은 '실내'라고 해요.
3. 정답은 '침실'과 '병실'이에요. 잠을 자는(잠잘 침, 寢) 방(집 실, 室)은 '침실'이에요. 병(병 병, 病)에 걸려 치료를 받는 환자가 머무르는 방은 '병실'이라고 해요. '집 실(室)' 자는 집이나 건물을 뜻하기도 하고 방을 뜻하기도 해요.

3주 79쪽 먼저 확인해 보기

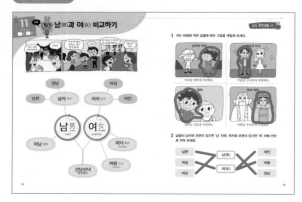

2. '남편'은 결혼해서 아내를 맞은 남자이고, '미남'은 얼굴이 잘생긴(아름다울 미, 美) 남자를 뜻해요. '장남'은 집안에서 맏아들을 가리켜요. '여성'과 '여인'은 여자와 비슷한말이에요. '여왕'은 여자 임금(임금 왕, 王)을 뜻해요.

3주 82쪽 속뜻 짐작 능력 테스트

2. '선남선녀'는 착한 남자와 여자, 혹은 겉모습이 보기 좋은 남자와 여자를 말해요.
3. 장녀, 큰딸, 맏딸은 모두 같은 말로, 집안에서 첫째 딸을 가리켜요.

3주 85쪽 먼저 확인해 보기

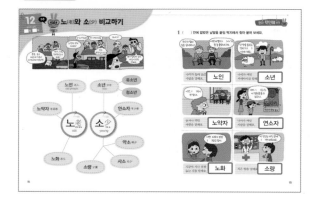

3주 88쪽 속뜻 짐작 능력 테스트

1. '노인'은 나이가 들어 늙은(늙을 로/노, 老) 사람이고, '소년'은 나이가 어린 사내아이 또는 젊은 사람을 뜻해요. 그래서 '노인'과 '소년'은 서로 상대되는 낱말이랍니다.
2. '소량'은 적은(적을 소, 少) 양을 말해요. '사소한'은 보잘것없이 작거나 적은(적을 사, 些) 것을 말해요.
3. '남녀노소'는 남자(사내 남, 男), 여자(여자 녀/여, 女), 노인(늙을 로/노, 老), 젊고 어린 사람(적을 소, 少)을 아울러 이르는 말이에요.

3주 91쪽 먼저 확인해 보기

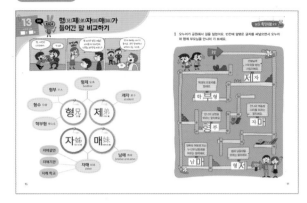

3주 94쪽 속뜻 짐작 능력 테스트

1. '형제'는 형(맏 형, 兄)과 남자 동생(아우 제, 弟)을, '자매'는 언니(맏누이 자, 姊)와 여자 동생(아랫누이 매, 妹)을 아울러 이르는 말이에요. '남매'는 오빠와 여동생, 또는 누나와 남동생을 말해요.
2. '제자'는 선생님에게 가르침을 받거나 받은 사람으로, 가족 관계를 가리키는 낱말이 아니에요.

3주 97쪽 먼저 확인해 보기

3주 100쪽 속뜻 짐작 능력 테스트

1. '단독 주택'은 한 채(홀 단, 單)씩 따로따로(홀로 독, 獨) 지은 집으로, 보통 한 집에 한 식구만 살아요. '공동 주택'은 한 건물에 여러 식구가 함께(함께 공, 共) 사는 집으로, 아파트, 연립 주택, 다세대 주택 등이 '공동 주택'에 속해요.
2. '주소'는 살고 있는 곳의 위치를 뜻하고, '우편 번호'는 우편물을 보낼 때 적는 숫자예요. 그래서 편지 봉투에는 '주소'와 '우편 번호', 그리고 보내는 사람과 받는 사람의 이름을 써야 해요.
3. '입주'는 새집에 들어가(들 입, 入) 사는(살 주, 住) 것을 말해요.

3주 103쪽 먼저 확인해 보기

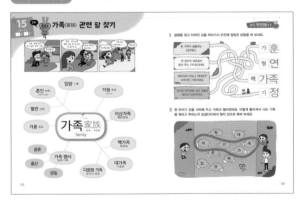

2. '이산가족'은 가족들이 집을 떠나(떠날 리/이, 離) 뿔뿔이 흩어져서(흩어질 산, 散) 서로 소식을 모른 채 살아가는 가족을 말해요.

149

3주 106쪽 속뜻 짐작 능력 테스트

1. 같은 핏줄(피 혈, 血)로 이어진(인연 연, 緣) 사람들을 '혈연'이라고 해요.
2. '가정'은 가족이 함께 생활하는 집을 말해요. '가훈'은 집안의 어른이 자손들에게 일러 주는 가르침(가르칠 훈, 訓)이에요. '가족'은 부부와 자식들로 이루어진 집단이에요.
3. 다른 나라 사람과 결혼하여 여러(많을 다, 多) 나라의 문화가 섞여 있는 가족을 '다문화 가족'이라고 해요.

4주 113쪽 먼저 확인해 보기

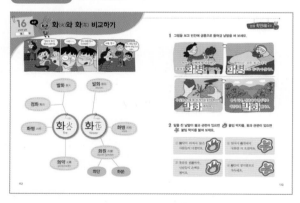

1. 꽃(꽃 화, 花)을 꽂아 두는 병을 '화병'이라고 해요. 또한 화(불 화, 火)가 많이 나서 생긴 병도 '화병'이라고 해요. 불(불 화, 火)이 붙어서 타기 시작하는 것을 '발화'라고 해요. 또한 꽃(꽃 화, 花)이 피는 것도 '발화'라고 하지요.
2. '불 화(火)' 자가 쓰인 '화약'과 '점화'는 불과 관련이 있어요. '화약'은 열이나 전기 등에 자극을 받으면 폭발하는 것이고, '점화'는 불을 붙이거나 켜는 것이에요. '꽃 화(花)' 자가 들어간 '화원'과 '화단'은 꽃과 관련이

있어요. '화원'은 꽃을 심은 꽃밭이나 꽃을 파는 꽃집을 말하고, '화단'은 꽃을 심으려고 한층 높게 꾸민 꽃밭이에요.

4주 116쪽 속뜻 짐작 능력 테스트

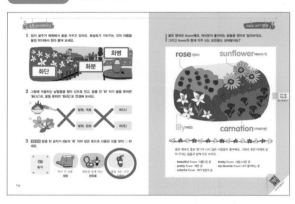

2. '발화, 점화'는 불(불 화, 火)을 켜거나 피우는 것과 관련이 있고, '발화, 개화'는 꽃(꽃 화, 花)이 피는 것을 뜻해요.
3. '화약'의 '화' 자는 '불 화(火)' 자이고, '소화기'의 '화' 자도 '불 화(火)' 자예요.

4주 119쪽 먼저 확인해 보기

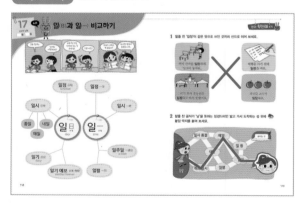

1. 크기나 모양 등을 하나(한 일, 一)로 맞추는(정할 정, 定) 것을 '일정하다'라고 해요. 또 정해진 기간(날 일, 日) 동안 할 일을 짜는 것도 '일정'이라고 하지요.
2. '개최 일시', '내일', '매일', '일기'는 모두 '날'과 관련이 있어요. '개최 일시'는 모임을 여는 날짜(날 일, 日)와 시간(때 시, 時), '내일'은 오늘 다음에 다가올(올 래/내, 來) 날(날 일, 日), '매일'은 늘 계속되는(매양 매, 每) 날들, '일기'는 그날(날 일, 日) 기억에 남는 일에 대한 생각이나 느낌 등을 적은 글이에요.

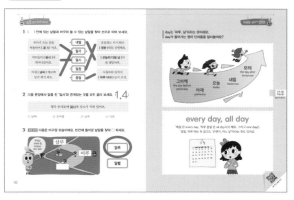

2. '일시'는 날짜(날 일, 日)와 시간(때 시, 時)을 뜻하는 말로, 준비물이나 날씨는 '일시'와 관계가 없어요.

3. 야구 경기에서 타자가 공을 치고 처음으로 밟는 자리를 '일루'라고 해요.

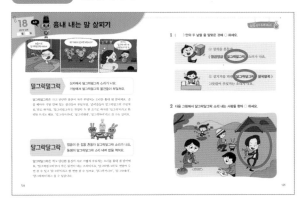

1. 정답은 ① 덜그럭덜그럭, ② 달그락달그락이에요. '덜그럭덜그럭'은 크고 단단한 물건이 자꾸 부딪치는 소리를 흉내 낸 말이고, '엉금엉금'은 느리게 걷거나 기는 모양을 흉내 낸 말이지요. '달그락달그락'은 작고 단단한 물건이 서로 가볍게 부딪치는 소리를 흉내 낸 말이고, '딸꾹딸꾹'은 딸꾹질하는 소리를 흉내 낸 말이에요.

2. '쿵쿵'은 크고 무거운 물건이 자꾸 바닥에 떨어지거나 부딪쳐서 나는 소리를 흉내 낸 말이고, '콩콩'은 작고 가벼운 물건이 연달아 바닥에 떨어지거나 부딪쳐서 나는 소리를 흉내 낸 말이에요. 따라서 덩치 큰 곰이 문을 두드리거나 어른이 뛸 때 나는 소리는 '쿵쿵'이 어울리고, 작은 구슬이 떨어지거나 어린아이가 뛸 때 나는 소리는 '콩콩'이 어울려요.

1. 정답은 ① 부글부글, ② 보글보글, ③ 부글부글, ④ 보글보글이에요. '부글부글'은 양이 많은 찌개나 물 같은 것을 끓이는 소리나 모양을 흉내 낸 말이에요. 화가 났을 때에도 '부글부글'이라는 표현을 써요. '보글보글'은 적은 양의 찌개나 물 같은 것이 끓는 소리나 모양, 혹은 작은 거품이 일어나는 모양을 흉내 낼 때 써요.

1. '드러내다'는 속에 가려진 것이 나타나 보이는 것이고, '들어내다'는 물건을 들어 밖으로 옮기는 것이에요.

1. 정답은 ① 띄지, ② 띠고예요. '띄다'는 무엇이 눈에 보이는 것이고, '띠다'는 어떤 임무나 해야 할 일을 지닌다는 뜻이에요. 또 어떤 색깔이나 기분 등이 나타나는 것을 뜻하기도 해요.

1. '껍데기'는 겉을 감싸고 있는 단단한 것으로, 굴 껍데기, 호두 껍데기, 달걀 껍데기, 땅콩 껍데기 등으로 쓸 수 있어요. '껍질'은 겉을 싸고 있는 단단하지 않은 것으로, 양파 껍질, 바나나 껍질, 사과 껍질 등으로 쓸 수 있어요.

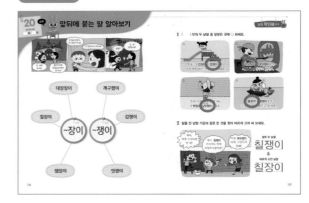

1. 정답은 ① 겁쟁이, ② 대장장이, ③ 멋쟁이, ④ 땜장이 예요. '~장이'는 어떤 기술을 가지고 있는 사람을 나타낼 때 붙여요. '대장장이', '땜장이' 등으로 쓸 수 있어요. '~쟁이'는 어떤 성질을 많이 가진 사람을 나타낼 때 붙여요. '겁쟁이', '멋쟁이' 등으로 쓸 수 있답니다.
2. 칠하는 기술을 가진 사람은 '~장이'를 붙여서 '칠장이'라고 해요.

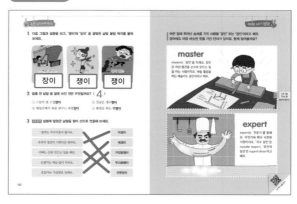

2. 땜질하는 기술을 가진 사람은 '땜장이'라고 해요.
3. '미장이'는 흙이나 시멘트 등을 바르는 일을 직업으로 삼은 사람이에요.

★ 하루 공부가 끝나는 곳에 붙임 딱지를 ❶~❸처럼 붙여 주세요.

1주 1일 학습 끝!	1주 2일 학습 끝!	1주 3일 학습 끝!	1주 4일 학습 끝!	1주 5일 학습 끝!
2주 1일 학습 끝!	2주 2일 학습 끝!	2주 3일 학습 끝!	2주 4일 학습 끝!	2주 5일 학습 끝!
3주 1일 학습 끝!	3주 2일 학습 끝!	3주 3일 학습 끝!	3주 4일 학습 끝!	3주 5일 학습 끝!
4주 1일 학습 끝!	4주 2일 학습 끝!	4주 3일 학습 끝!	4주 4일 학습 끝!	4주 5일 학습 끝!

❶ 붙임 딱지의 왼쪽 끝을 붙임 딱지 자리에 잘 맞추어 붙이세요.
❷ 오른쪽에 남은 부분은 점선을 따라 접어 뒤로 붙이세요.
❸ 붙임 딱지를 붙인 모습이에요.

★ 해당 쪽에 알맞은 붙임 딱지를 붙여 주세요.

48쪽   조부모   학부모

항공 모함   모성애

40쪽   수증기   생수   수구

51쪽

72쪽

97쪽

85쪽   연소자   소년   노약자

노화   노인   소량

113쪽

116쪽   화단   화분   화병

119쪽

127쪽   콩콩   콩콩

쿵쿵   쿵쿵

140쪽

쟁이

쟁이

장이